隐者显赫

中国最后一个皇族名儒毓鋆

张辉诚 著

中国画报出版社·北京

毓老师吸烟照
美国甲骨文学者吉德炜摄，1966

毓老师身着长袍，右手持拐杖，左手拿如意之立相
张景兴提供，作者翻摄

毓老师教导魏斐德情状
张景兴提供，作者翻摄

毓老师在永陵门口石狮前留影
张景兴提供,作者翻摄

目 录

1　序一 蒋勋｜敬悼毓鋆老师

毓老师讲《论语》，间杂着生活里的俗事，其实不像一般学者的讲法，常举现实的例子，也常有自己的独特意见，并不拘泥古书……老师当时对知识青年讲学是在强调儒者"力行"的核心价值吧，我却一一错失了理解的机会。

7　序二 简媜｜君子印记——毓门求学感怀

老师讲课，既无幻灯投影也无图片、录音机、道具之助，端坐椅上，全凭口说。他声如洪钟，抑扬顿挫之间唤出一个文明古国，朝代更迭，兴亡一瞬，尽在那时而高亢时而低回的声音里。老师学问渊博，经史子集尽藏胸臆，信手拈来，皆有典故和出处。是以，一部《论语》，经他诠释、延伸、验证，宛如中国读书人的圣经，修身齐家治国平天下，我们被老师言谈间的期许给打动了，慨然有澄清天下之志。

11　序三 龚鹏程｜毓老典型

我以为他（毓老）真正的渊源其实是熊十力，故能汇通大《易》，讲革命讲民主，倡言"群龙无首，吉"。

此一路数，即使是熊先生的弟子唐君毅、牟宗三、徐复观亦未继承，遑论其他？毓老卒，中国这路学问大概也就绝了，再也没有人能有这种气魄、愿力和学养来讲此王霸之学了。

15　　自序 张辉诚｜十万八千里加三千大千世界

我当然知道,我没法儿用这本小书纪念老师,相反地,是老师用他的生命和精神光耀了这本书,完完全全是老师,让这本小书有了巨大的光彩。

第一篇｜潜龙勿用：毓老的前世今生

毓老师终生守《易经·乾卦》："初九,潜龙勿用"一爻。孔子这么解释这一爻——一个有龙德的人却隐藏自己,不受世俗改变,不想在这个时代成名,因此遁世隐居,却不郁闷,不被人认同,也不郁闷,喜欢就去做,不喜欢就不做,意志坚定,完全不可动摇,这就是潜龙之德。

3　　毓老师的家世

礼烈亲王代善是开国元勋,武以戡定四方,文能谋克安平。历代子孙承继武风不坠,对清朝多有建树,至昭梿略染文学之风,可惜无法全身而退。礼亲王一脉,至毓老师,他老人家前半生纵身大时代,以武拼搏,颇继承家风。

20　　毓老师的师承

毓老师因出身皇族,俯仰于政治潮流之中,尤其着重如何将学问"用诸事上",因此他总是将中国学术融入现实之中,衡诸古今,月旦人物,强调经世济民、治世、平天下的重要性,让中国学问变成活活泼泼的智慧。

39　　毓老师创办的书院

"学由不迁怒不贰过臻圣王至德；苑育仁者相帝者师履一平要道。"上联指明学生为学之入门处及高远目标,亦暗指书院所传授之学为内圣外王功夫；下联则指书院所要栽培的学生,是可以实践止于一止于至善的仁相帝师,暗指毓老师所传授的全是帝王之学。

47　　毓老师教的海外汉学家

事实上,我们的外籍身份对他来说是别具特殊意义且重要的。身为"五四运动"的贬抑者以及二十世纪动荡政局中的失意者,老师似乎希冀我们这些外国弟子能传承这个让他悲恸不已,正在逐渐凋零的中国人文传统。而他之所以选择外国弟子,恐怕正反映了这个传统的流失已巨大到令人担忧的地步。

73　　毓老师在大学教书的经历

毓老师看不惯大学里头充斥学阀门派。毓老师常批评某些学者自立门户，创立门派，不过聚徒众以壮声势，但观其所教不过是空中楼阁，徒有立德之名，而无践德之实。

81　　毓老师坚守的书院传统

中国历代的注解，从秦始皇到清朝都不敢把真经义讲出来，所有教育都是愚民政策、都是愚民之言……毓老师终其一生秉持书院传统，力抗西方偏重知识的大学教育，而以一己之力继承中国传统书院形式（民间）、精神（自由讲学）、内涵（成德成材、修齐治平）。

88　　毓老师修的世界文化遗产

二〇〇四年，永陵作为明清皇家陵寝的扩展项目盛京三陵之一成为世界文化遗产。毓老师非常开心，用老人家的话就是："得了金牌奖！"他老人家于王府内出生，享受过繁华富贵；后来又历经亡国，流离失所，亦曾体验穷苦酸辛。但他终究看破转眼成空的功名富贵，晚年将钱财悉数散尽，用于修祖陵，起建满学研究院。他用亲身行动来告诉学生和所有人，钱并非只拿来死守，而是可以用于成就文化、孝亲追远。

第二篇｜望之俨然：毓老的生活哲学

"人一无所得，就空活了一生。谁利用时间多，谁就成功多……千万不要以为写两本书就留名了，只怕还没签完名就绝版了。人只有自欺，绝欺不了人。老师还有几年活，绝不浪费时间，不和外面人打交道，也不接触记者，要变成专学，才能深入。——多少人做学问，都是逢场作戏。又有多少人不懂得从根上做学问，想从中间插队。"

101　　毓老师的微言要道

毓老师讲如何才能成功，说："成功的人是突破障碍的人，做任何事先想失败该如何处理。不是没开始做就开始做梦，见缝就钻洞，挫折一到就受不了，一看不会成功就放弃了。贪功喜誉，绝不会成功，遇到难题，要事先准备，临渴掘井也没有办法。"

105 　毓老师讲养生之道

　　　毓老师曾说他无时无刻不在读书,因为"四书五经"都背在脑子里,散步时就温习温习,说:"这不就是'学而进习之'!老师这么大年纪,要不讲课半年,必定痴呆。"

110 　毓老师的艺术与文章

　　　毓老师发愿敬绘观音大士像千幅,借以怀念已故双亲。最终以十年之力完成此事。……毓老师两尊观音像,恰好各自运用了中国传统人物画衣服褶纹的两种不同表现方式:"曹衣出水,吴带当风"。

124 　毓老师的儿孙乐

　　　毓老师给小孙子讲书,孙子问毓老师:"爷爷,我们遇到事需要想那么多吗?"毓老师答:"那你追女朋友需不需要想那么多?你将来遇到事都像追女朋友一样,肯定会成功!"

第三篇│不失其正:看破世情惊破胆

不讲求自身幸福而去图谋天下大利,乐以天下,忧以天下,这不正是古圣贤相与的责任与使命吗?还有什么比毓老师躬身实践薪火相传更为落实!而毓老师身上所散发的尊贵气息、风姿神采以及鼓荡丰沛的生命力,又经常让人忘了他已年近百岁。

131 　毓老真精神

　　　毓老师当时已九十八岁,一开头便说:"看破世情惊破胆,万般不与政事同。政治现实,好像一阵风,但是你有风可以刮动别人吗?你们必得要守人格、爱台湾。中国人的思想是天下思想,半点迷信没有,平平整整是自我平天下之道,现在讲中国学问的全无学术生命!"

137 　典型大丈夫

　　　毓老师讲论经学,之所以如此重视实践,不同于大学讲堂上着重章句训诂,实与其身世有关。毓老师乃清朝皇族,源出礼亲王一脉,前半生投身政治,后半生隐居民间讲学。毓老师上课时偶提及往事,亲切历历仿如昨日,然其实已转眼百年,人事变灭,朝代屡经更易,其中饱含无尽沧桑。

142　智者不怒

毓老师一生述而不作，没有留下任何著作。他常说：中国学问是解决问题，不是写一本书教后人研究。古人的智慧，讲就够了，放着《论语》不读，还读什么语啊？思想还有新旧？会用都是新的，不会用都是旧的，我们从中得到多少新的智慧？讲学不是为留一本书，是为了达到圣功！

146　继文化于断绝

"你们不急，我急！我急，是来日无多；你们不急，是来日方长。再三勉励你们，发愤的目的，就是图强。给你们打气的话，老师责无旁贷。你们必得要把古人的智慧串在一起，既然要做人，就做伟人！"

153　既孤独又丰盈

他老人家和孔老夫子其实是同一等人物气象。我经常在上课时听他老人家说话，总有一种既孤独又丰盈，既宽大又渺小，既健动又静默的奇异感受，后来我才恍然大悟原来那就是个人力量正要生发、扩充、激射的过程，也是个人胸怀不断扩张直欲包容一切的气魄展开，更是人与天地和合生发的机关与奥秘。

160　附录　《清史稿·列传三·诸王二》

序一
敬悼毓鋆老师

蒋勋

爱新觉罗·毓鋆老师辞世时,我正在医院,无法到灵前祭拜,在病床上有朋友读相关讯息给我听,有几篇是辉诚先生写的纪念文字。

我见到毓鋆老师是在文化学院,一九六五年前后,我正升大二吧。

当时张其昀先生从"教育部长"位置退下来,在阳明山华岗创立学院,用接近民初北大的精神办学,不在意学历资格,邀集了不少非体制的,不同立场、不同观点的学者任教。大概是一九四九年以后台湾威权政治下少有的一个相对开放而有自由学风的校园环境。

我当时读史学系,教授"中国上古史"的赵铁寒老师论述三十年代顾颉刚"古史辨"的争议,以现代科学实证精神"疑古",带给学生许多观点上的撞击。教"目录学"的杨家骆老师像一尊佛,他一进课堂,端坐椅上,手上没有书,没有讲义,微闭着眼睛,开始经、史、子、集一部一部讲述每一本书的目录提纲。学生都伸伸舌头,觉得老师头脑中好像装了一部《四库全书》,如此熟悉。后来闲谈,老师笑着说:从小帮家人晒书晒出来的,晒书一页一页翻,也就顺便看书,一部《四库全书》晒完,又要重新开始晒,"晒久了,就都记住了"。

这些老师温和谦逊,也从不把自己的治学说得多么伟大。

傅乐成老师教"秦汉史""隋唐史",跟学生很亲,阳明山竹子湖飘雪他就停课,邀学生一路走上山去,在薄薄的覆雪的山上看学生玩雪,他也只是站在一旁若有所思。

二十岁的学生,在战后台湾长大,其实是不会懂流亡到南方岛屿的傅老师的心境吧。

傅老师一直住在温州街老旧的台大单身宿舍,木板床,几只碗,一张书桌,两把椅子,有一次去了三个学生,傅老师就跟我坐在床沿。

黎东方老师的"西洋史"教得活泼,很法国风的教法,机智幽默。教"宋史"的宋晞老师则相对特别严肃,他开的"史学方法"也逼着学生不断跑图书馆,为论文写作准备卡片。

我当时私下爱文学,高中受陈映真老师影响,亲近了西方现代文化,特别是存在主义哲学。当时引介存在主义到台湾的年轻学者陈鼓应等人也被学院网罗,在哲学系任教,我因此有大部分时间都旁听了哲学系的课,如陈鼓应的"庄子",印顺法师的"佛学"。刚从香港新亚到台湾的钱穆先生,也在史学系哲学系合开了"朱子学"。

就在那一年哲学系聘请了毓鋆老师，他穿着旗装长袍，手腕上戴着古玉镯，大拇指上套着玉扳指，仪容非凡，一时轰动了整个学院，课堂里挤得满满的。

年轻学生好奇，来上课，未必都是为了学问，课堂上有学生就问起清宫里学武术剑法的事，毓老师哈哈大笑。

我最爱听老师大笑，声音洪亮如钟，没有琐碎杂音，干净浑厚，使我想到魏晋人在山里的"啸"，或许比魏晋人的"啸"更没有委屈，朗朗乾坤，这样正色之音，仿佛可以使一座山都为他让路。

其实毓老师的初衷或许不只是关心治学，在清帝退位之后，他作为前朝遗臣，心里不会没有亡国之痛，也不会没有"复国"的抱负与大愿吧。

在台湾体制的教育里，史观是受钳制的，我们或许没有太多机会思考朝代政权的"兴"与"亡"吧。

学生中有人开始耳语老师与"伪满"的关系，在当时"伪满"也并没有什么实质的内容。

我相信学生也没有恶意，但"伪满""汉奸"这样的声音在老师听来是特别刺耳的。

有一次老师在课堂上大声骂起来了——"伪满"，什么"伪满"，我们本来是"满洲人"，家在"满洲"，不是"侵略"了中华吗？退回老家满洲，怎的又"伪"了？"汉奸"？……

学生都不说话，我想学生其实不容易听懂老师的逻辑，我当时也不十分懂，但是在威权单一的正统史观教育里没有任何思考可能的头脑却真是被撞了一下。

读书治学，没有这样的撞击其实是没有思考的可能的。中世纪欧洲不断审判"异端"、处死"异类"，因此成为文化上最大的"黑暗时代"。

在二十世纪的六十年代，台湾还处于白色恐怖时期，老师的三言两语是可以使闭塞的头顶响起一声霹雳的。

我母亲的先祖是满洲正白旗，母亲在辛亥以后出生，但是家族的故事可能在她童年还印象深刻。母亲常跟我说辛亥前后西安杀满人的事，在城门口拿馒头询问，口音一错就砍掉脑袋，母亲说完就即刻叮嘱我不可以在外面说母亲是满人。

在战后台湾长大，我们的政治意识其实没有那么敏感，我也无法了解母亲的紧张。

在毓老师骂人之后，有一天我忽然跟他说："母亲是满人，正白旗。"老师很高兴，开心地说："那正是我的旗。"

好像因此我跟老师有一点亲，不多久，他在家里开课讲《论语》，就辗转带话要我去上课。

老师家当时在成功新村，一间有院子的黑瓦平房。屋里陈设素雅，墙上悬挂康有为书写的"咏麟轩"三字，墨迹乾笔苍劲虬结，我忽然想到《诗经》里的句子：我徂东山，慆慆不归。我来自东，零雨其濛。我东曰归，我心西悲。

客厅正中央一张清太祖努尔哈赤的画像，画像侧边是一张泛黄的光绪帝的照片。

房间里一张大桌案，前面十几把椅子。学生陆续来了，我多不认识，后来知道多是当时台大博士班的文史学生，总共十四人，我大概年龄最小，选了后排最靠边的位子。

我当时偏爱西方现代文学艺术，童年时家里逼着念诵的四书、唐诗、《古文观止》，在中学以后其实心里都有点反叛，也害怕一般学者照本宣科迂腐的"解经"方式。

毓老师讲《论语》，间杂着生活里的俗事，其实不像一般学者的讲法，常举现实的例子，也常有自己的独特意见，并不拘泥古书。

过年的时候，学生给老师拜年，一位师兄穿了长袍来，被老师当面说了一顿："年纪轻轻，穿什么长袍，学我啊，我是在给祖宗守制。"

老师语言很直接，也与当时我接触的一般学者的温文儒雅不同，他好像在对自己事功殷切的盼望里，刻意排斥一味追求"内圣"的虚伪修为。有时会嘲讽地说："要做'圣人'啊！都'剩'下了吧。"

或许当时我们如此年轻，未经世事，还是很难懂得老师从政治失败下来在一个小岛上重新看待古人经典的心事吧。

他常说的话是："煤球都不会买，做什么圣贤。"

对于当时陶醉在文学哲学幻想里的我应该是一警醒吧，我却冥顽不能领悟。

《论语》上完，老师特别讲了一次《礼记》的《儒行》篇。

鲁哀公问孔子有关"儒服"，孔子没有坚持什么样的服装。问到"儒行"，孔子一一做了回答。——儒有席上之珍以待聘，夙夜强学以待问，怀忠信以待举，力行以待取，其自立有如此者。

老师当时对知识青年讲学是在强调儒者"力行"的核心价值吧，我却一一错失了理解的机会。

《儒行》篇讲完，我很意外老师选了《管子》，《管子》讲完，又选了《商君书》，讲商鞅变法，讲知识者在治国改革变法上的积极投入。

我当时有自己解不开的颓废散漫心事，不能完全跟从老师越来越偏向法家政治的教学。

两年受教，我知道老师疼爱，也有期许，一直希望我走政治一途，但我仍然选择了艺术研究所。考取那天，向老师报告，老师板着脸，说了四个字："玩物丧志！"

　　我在老师家是最年幼的学生，也最放肆顽皮，不太像学长师兄那么敬怕老师，也常没有分寸跟老师说玩笑事，老师并不在意，反而开怀大笑，然而那一天老师沉默异常，我正襟危坐，好像一下子懂了老师失望的心境，也沉重了起来。

　　艺术研究所在台北故宫上了两年课，课程结束，我就去了巴黎，此后很少与老师见面。知道老师身体健康，教学不断，学生越来越多，很为老师庆幸，或许一定有更出类拔萃的优秀者让老师晚年有所欣慰寄托吧。

　　我对老师未跟随到最终，只能记述受教于老师的那两年多。

　　与老师相处，他多不谈自己身世生平细节，因此反而是在他辞世后陆续在辉诚先生撰写的文字中读到。大病初愈后，与辉诚先生见过一面，也得到更多关于老师的讯息。

　　老师或许没有想到他跟一个小小岛屿的缘分如此深重，在这岛屿上将有如辉诚先生一样，继续有后来者撰述、整理、纪念他数十年岁月留下的治学与做人的风范吧。

　　我因此特别感念辉诚先生这本书的撰写出版，应该是老师在天之灵最好的安慰了。

二〇一二年五月二十七日

于淡水八里米仓村　时近芒种

序二
君子印记——毓门求学感怀

简媜

应该是个微寒天气,犹记得自己三十多年前的样子——绑两条辫子,穿长袖绿格子上衣,黑长裤,球鞋。跟随一位温文儒雅的学长,弯入温州街的巷弄。这是雌雄未辨我的大一模样。巷弄里,据说住着一位很特别的老师,我不知道他是谁。

大一,我念哲学系,其实醉心的是中文系。甫从一切以联考为学习目的的高中刻板教学挣脱出来,贪婪地游走于文学院各系听课,也饥饿地参加几个文学性社团,其中之一是国学社。有位理学院学长提到天德黉舍及毓老师,说他讲"四书"非常精彩,建议我们一定要去上课。但必须先拜见老师,看他收不收。

我听都没听过这回事,颇感不解。坊间开班授徒者,无不要求学生广为宣传,拉同学邀朋友,打折优惠,以求爆满,岂有挑学生的？三十多年前的社会虽然还算纯朴，但功利的风一向吹拂每个时代，怎有这么不功利的地方？我好奇。学长如何描述这位很特别的老师，我已忘记，但他言谈间所流露之恭敬景仰，令我印象深刻。我想，就去拜见拜见吧，先上看看，要是不喜欢再翘课。大一没别的本事，最会翘课。

我们在客厅等着，不寻常的安静，严肃。忽然，清喉咙的声音从后边儿传来，一转头，好大的身影逼近眼前，一身象牙白中式衣着，长胡须，戴黑框眼镜。我的第一个念头是："古人！"顿时，心生时空错置之感，不知身在何代。

学长恭恭敬敬地介绍我们，提到我，说："她念哲学系，喜欢写作。"还说些什么，不记得了，我一心一意在偷偷打量老师，觉得除了摄人的第一印象之外，在他身上还有一股什么……那日，老师的谈兴似乎不错，没让我觉得他嫌我们只不过是几个啥都不懂的小毛头，敷衍几句就该进行到起立、敬礼、老师再见。他没问我们问题，纯聊天。七十多岁的他忽然有一瞬间像个爷爷，温且厚、沉而宽的声音，说着儒家文化与宫中旧事，又提到师承。有几个名字我在课本上读过，遂非常唐突地插了话，问："某某某的年纪比您小，怎会是您的老师？"只见他哈哈大笑一声，说："傻丫头，年纪小就不能当老师啊？闻道有先后，术业有专攻。"

也对，韩愈《师说》就是这么讲的。

辞别而出，往学校走的路上，学长说，没见过老师笑得这么开心。我没搭腔，心想，今天真是傻够了，恐怕老师不会收的。

这是我唯一一次听毓老师聊天。此后相见，皆在课堂上，人群中。

课室在地下室，空间不算大，一百多个学生（或许更多）挤在一起。没有桌子,只有最简陋的圆凳子,整齐地排列着。这种配备,适合户外看野台戏或听民歌演唱,顺便打香肠烤鱿鱼逛夜市,用来上"论孟",极其艰辛。别的不说,连打瞌睡都不可能——要不是跌倒在地,就是趴上前面同学的背,再凶猛的瞌睡虫都不可能在这种环境存活的。

入夏之后的晚上,空气不流通的课室更是闷热难当。只有几台电风扇吹着热风,不多时即汗流浃背,写笔记时,手腕黏着纸,前后左右同学的汗味和着自己的,形成一阵阵"馊浪",刺激鼻腔,几度欲昏厥而倒下。总希望有人受不了这种酷刑而翘课,好让我宽坐些多吸一点空气,没想到人还是一样多,貌似打死不退;本想,你们不翘我翘好了,但转念又想,既然你们打死不退,我为什么要没志气地死在你们前面。孔子五十五岁还要周游列国看人家脸色,我中暑算什么,不退,撑着。

于今回想,简陋的物质条件更能激励求学之心,且足以锻造意志。当然,不是凳子本身的材质所致,是毓老师,他具有神奇的力量,镇住满室年轻且毛躁的心,让圆凳变成铸剑之炉,火势熊熊,叫我们锻造自己。

老师讲课,既无幻灯投影也无图片、录音机、道具之助,端坐椅上,全凭口说。他声如洪钟,抑扬顿挫之间唤出一个文明古国,朝代更迭,兴亡一瞬,尽在那时而高亢时而低回的声音里。老师学问渊博,经史子集尽藏胸臆,信手拈来,皆有典故和出处。是以,一部《论语》,经他诠释、延伸、验证,宛如中国读书人的圣经,修身齐家治国平天下,我们被老师言谈间的期许给打动了,慨然有澄清天下之志。

"富与贵,是人之所欲也,不以其道,得之不处也。"我们如此年轻,回顾学校课堂的教学无不以考试为目的,钻研词义、肢解章句，鲜有余暇让老师于"子曰"之中，唤出谦谦君子的理想形象。"贫与贱，是人之所恶也，不以其道，得之不去也。"正因为年轻，渴望寻找典范以有所景仰，有所追随，在踏入社会前，能继承一份精神上的祖产。"君子去仁，恶乎成名？君子无终食之间违仁，造次必于是，颠沛必于是。"我们静肃而又认真地坐在圆凳上听老师授课，非炫惑于其帝国身世，非为了求取功名利禄，是为了铸造自己理想中的人格，一生实践。

这是毓老师烙给我们的君子印记。这烙铁，也烙在他身上，一生为学生做出庄严的示范，什么叫造次必于是，颠沛必于是。

回想三十多年前这一段课缘，深感庆幸，却也因半生庸庸碌碌已过，一事无成，辜负当年课室中之自我期许而有愧，更因未曾有机会向老师致谢而抱憾。辉诚以一年多时间撰写老师传记，情深力专，庶几乎以字报恩。再三捧读，仿佛重返课室，满座肃静，等着木门被推开——

毓老师，重现眼前。

二〇一二年六月十一日

序三
毓老典型

龚鹏程

这本书，谈的是一位奇人——毓鋆。他的年辈与德望甚高，故在台湾，一般皆尊称他为毓老。

毓老从不上媒体，也不出书，不做公开演讲。对于这个世界来说，他只是个隐士，绝对没有声音。但他渊默而雷声，大名震漾于几代学人之间。大家都知道这是位真正的大儒，乱世之豪杰，浊世之奇人；可是对他的身世与学问，又模模糊糊，搞不甚清楚，传说出奇得多。

张辉诚曾受教于毓老。虽时日较短，入门亦属后进，心灵却深受震荡。故于毓老过世后即遍访周咨，爬梳文献，整理了他的身世大样，勾勒轮廓。把毓老不为人所深知的部分，清晰道出，可谓贡献良多。尤其是溯考其家世其经历，普查毓老的外籍学生名单，具见劳绩。令人对毓老生平行履有"终于可以掌握了"之感，不致如神龙般见首不见尾。

但身世履历等，其实都只是"迹"，而非"所以迹"，非其真精神。毓老精神气力所萃，端在讲学！

近代儒者，其实都有个办书院讲学的梦。不过，书院是古代的传统，古来儒者讲学皆在书院，这是不足为奇的。可是在近代就难了。

为什么？废科举、立学堂以来，教育国家化，实施的，乃是一大套学自西方且经东瀛改造过的所谓现代教育体制。书院虽不以科举为事，但在这波风潮中一样遭了否弃，不再能继续承担教育功能。在这种情况下，想再去办书院，实即体现了儒者反体制、反时代、反对现代教育的精神。

如此反时代、反体制，自然易贻人以保守、落伍之讥。幸而现代教育本身乃是扶不起的阿斗，弊病太多，也太过明显了，所以社会上对于想恢复书院传统的人还不敢太过非难。而现代教育既是如此之烂，真想办教育的人自然就会越想把书院办起来，实施自己心目中真正的中国的教育。这也是近代儒者都有办书院之梦想，前仆后继的缘故。

可惜此事又是想着容易做来难的。近人所办，以马一浮先生复性书院为最著。但若细看，便知复性书院维持的时间极短，讲了几期就仅能去刻书了。后来竟连刻书也难以为继。其所裁成之人才也甚少，仅存一册《讲录》以令人缅怀之而已。

马先生之失败，或许与他坚持不进入国家体制有关，熊十力先生当年即曾为此与相争论，甚至分道扬镳。至今两贤在办学上孰是孰非，也依然是桩公案，难有定论。我自己办佛光和南华两所大学，试图在现代大学体制中恢复书院传统，一样以失败告终。故于二贤之争，益发不敢轻议。因为我深知无论采取什么办法，想在现代社会中恢复书院教育，都是太难太难的事。

唯一令人对此仍存希望，仍相信儒者事业毕竟可为，仍觉书院终究在现代证明了它可胜于现代教育的，乃是毓老所开创的典型。

毓老乃逊清贵胄，据说幼时曾受教于康有为、王国维，已而随溥仪在伪满，后又来台，任教上庠。这些早年经历，大有传奇色彩。人们津津乐道，先生则讲得半云半雾；后学者传述，遂亦迷迷离离。

故这一部分，虽不无可供谈助之处，也增益了先生吸引人的魅力，但我以为未必足以深考或深信。依我浅妄之见，甚至有时会怀疑这些不过都仅是先生用世之术，有故弄狡狯之嫌。纵或确然曾经受教于康南海王观堂，又曾任情报工作，而为蒋中正先生羁縻来台，先生之可贵可重处，亦不在此。

那么先生之可贵重处安在？如前所述，不在其前半生的出身与传奇，而在他后半生所开展的讲学事业上。

讲学，与一般所谓的教书不同。用韦伯的话来说，教书只是种职业，讲学却是志业。要讲自己所信服的道理，去影响受教者的人生态度、价值理想，以陶铸其人格。

毓老只短期在大学里执教，其后即离开现代教育体制，自办私塾。一讲就是五六十年，直到一百多岁了还在讲。论私人讲学之规模与时程，不唯近代无之，恐怕也越度古人。放在现代教育格局中看，更显得夐绝壁立，能透显出一位儒者刚毅卓越，信道传道之笃的力量。

他是满人，且属天潢贵胄，但对汉文化有如此深的信仰与感情，以发扬孔孟绝学为职志，本身就很特别。讲学，以孔孟为主，旁摄百家，也很特殊。因为近世讲说之能倾动流俗的，均是谈佛说道，侈张为幻，独先生不然。直说正理，不显神通。所讲则意在经世。而此经世之旨，乃出于隐士之口，则尤奇。与学院中仅将儒学或传统文化当做知识材料看，当然也迥乎不同。

我没见过毓老，也未曾受教听讲，他又无讲记流通，故于其所讲大意，未尽了然。但我有许多师友曾去听讲受益，我综合他们的转述，感觉毓老之学根底当在《春秋》。

春秋乃王霸经世之学，然古文家重史，欲尊王攘夷；今文家重义，以通三世存三统。毓老是近于今文家的。但其今文又非董仲舒、何休、刘逢禄、康有为之今文，我以为他真正的渊源其实是熊十力，故能汇通大《易》，讲革命讲民主，倡言"群龙无首，吉"。

此一路数，即使是熊先生的弟子唐君毅、牟宗三、徐复观亦未继承，遑论其他？毓老卒，中国这路学问大概也就绝了，再也没有人能有这种气魄、愿力和学养来讲此王霸之学了。毓老讲学于此衰世，其迹颇近于文中子之讲学河汾，然文中子能开有唐一代，毓老呢？似乎恰好是总结了传统儒者的时代罢。我哀毓老，亦哀此世，遂至胡言乱语，潦草不能成章。不敢说是序，聊申慨叹而已。

壬辰芒种，写于燕京小西天

自序
十万八千里加三千大千世界

张辉诚

我一直觉得没有资格写毓老师，也没有资格写这本书，因为我入门晚，和毓老师也不亲近。

我入门晚，所以从未听过，也未目睹过毓老师早年讲课风采与授课内容，据说当年上课不但讲"四书五经"，还讲道墨杂法诸子，甚至也讲《冰鉴》《人物志》《长短经》《资治通鉴》等书。但我却连一本经书也不曾从头到尾听完过（因此不敢侧身整理笔记之列），我进书院时，毓老师已经警觉到余生有限，因此讲课专讲要点，我便只听到许多要点，无福听到丰富的经史子集；加上我和老师并不亲近，疏远的程度大约可用一句话形容，那是有回老师上课问了个问题，没人敢答，我傻人傻胆昂声回应（当时老师耳朵重，回答必得大声），老师听了，直摇头，说：

"十万八千里加三千大千世界！"这句话想来也确实就是我和毓老师之间的真实距离。我无缘能像诸多学长那般幸运，可以与老师私下见面，单独聆听教诲，可以紧密跟随老师十几、二十、三十、四十几年，情谊如同父子。

但我现在却不揣固陋，又自以为责无旁贷必须排除万难写成此书，实是因为毓老师过世当天，张嫂打电话来告知我这个震惊的消息，还说老师看过我在报纸上写他老人家的文章，非但没有生气，而且还很开心，让她去影印给学生传看之事。后来张哥又转述毓老师生前的话："以后要写文章就找张辉诚！"然后我又从颜铨颖那里得知毓老师过世前曾让他打过电话，希望叫一直想晋见的我去书院一趟。——这些通通加起来，我忽然觉得毓老师和我的距离不再是"十万八千里加三千大千世界"那样遥远了。

毓老师过世之后，曾经受教过的学生写了许多回忆文章，回忆与老师过往相处的点点滴滴。这些文章非常珍贵，也非常感人。但我读这些文章时，难免感到纳闷，许多文章只提到老师人生的某些片段，老师的全部生平却难以拼全。所以我就期许自己可以写出毓老师的全部生平。不过当我试着这样做时，才发现困难重重，因为资料严重不足。所以我又退而求其次，希望可以写出大纲大要（就像毓老师晚年上课专讲要点一样），还有把自己心里的疑惑和进书院所得到的感动与震撼一并写出来。那些存在我心中的疑惑究竟是什么呢？不外就是老师上课偶尔提及的身世、师承、洋学生、书院史、修永陵与兴办学苑等事。

我的做法是，先行整理上课笔记。当初听课时，我除了抄写正课内容之外，只要毓老师岔出经文，讲起时事、掌故、人物、逸事、宫中见闻、师长，甚至生活琐事、趣事、笑话，我都一字不漏地抄录下来。当时只觉得有趣，但没想到，现在都成了重要材料。我光是整理两本笔记，先读了两遍，再逐页编码，分门别类，就花了两个月时间。分类之后，重新抄录整理，竟然又抄出了两本新笔记。最后，便以此两本笔记，作为全书基础资料。

开始撰写毓老师身世与师承，我阅读了大量相关资料。其中最重要的莫过于礼亲王资料，幸好《清史稿·代善传》记载完整。另外又阅读了我在旧书店意外找到的第九代礼亲王昭梿所写《啸亭杂录》。再大量研读溥仪、溥杰、毓嵒、毓嶦等人多本回忆录，加上郑孝胥的五巨册日记。同时又寻找"满洲国"许多史料，包括《满洲国名人录》、满洲官吏名录、满铁出版的东北统计及介绍书。然后又参考不少关于北京王府、王坟的介绍与回忆书籍。我以这些资料为基础，加上老师上课提到的内容，顺利写成这两篇文章。（但凡书中引用他人、他书之处，我都特别加以注明。）文章末了，我以自己的观点，为毓老师的所作所为做一客观而持平的考证与评价，作为结论。

至于撰写洋学生一文，主要是得到前来参加毓老师公祭的芝加哥大学夏含夷（Edward L. Shaughnessy）教授的大力帮忙。当时，在公祭现场，我很冒昧地向两位毓老师的洋学生（另一位是哈佛大学包弼德〔Peter K. Bol〕教授）取得电子信箱，随后便去信向两位先生询问当初受教毓老师的缘由、情况及回忆。夏含夷先生回信时特地寄了一份毓老师所有洋学生的电子信箱，我如获至宝，立即恭敬地写了一封信，发给所有洋学生询问和毓老师学习的过程、内容，以及他们对老师的评价。洋学生回信的时间有先有后，我每收到一封信，都欣喜异常，一方面立即转寄给远在北京的颜铨颖，另一方面则赶紧请我的学生翻译成中文（献力最多的是林语彤、李芳洁两位同学）。我常和铨颖两人在信件往返中津津有味地讨论着老师当年教导洋学生的风采和神气。最后，我把洋学生寄来的信件，加上我特别跑去"国家图书馆"印来再翻译的《无隐录》资料，整理成一篇完整的文章。在我看来，虽然同门师兄弟都知道老师教过不少洋学生，但实情究竟如何，终是雾里看花，模糊不清。现在，我终于把它弄清楚了，我很自豪地以为这篇文章应该是这本书最珍贵的一章了吧。

一路写到书院史、修永陵和兴办大学等事，我所知有限，所以先后访问了张景兴、颜铨颖、李济捷、陈文昌、林杰放、蔡明勋等学长，我并没有访问更多学长，主因在于我只要写出大纲大要，一旦得到的资料足够解决关键问题，我就能继续往下写了。因此，特别借此机会，再次感谢他们的知无不言，言无不尽，以及他们的热情与敦厚，采访时我经常在他们身上看到毓老师教导过后的美丽痕迹。

我也试图将毓老师的书法、水墨和文章，从较为学术而客观的角度，做一番分析与评赏。至于其余文章，大多是书写我在书院上课时所受的震撼与感动，有些是老师上课时的训勉和提及的养生之道，甚至和孙子斗嘴之事，我都依照笔记的记录，以及自己的感动之处，各自撰成文章。

此书完成后，我特地请求毓老师的早期学生蒋勋和简媜作序，他们都是文坛的前辈，也是我尊敬的作家，我希望透过他们的文学之笔，为老师留下一代经学大师的形象与样貌。然后我又请求我的指导教授，北京大学龚鹏程先生撰序，期望以龚老师的学术眼光与成就，从中国学术史的角度为毓老师作一历史定位与评价。

我自己清楚地知道，我只是老师"十万八千里加三千大千世界"的学生，当我写完这本书，我突然好想跟老师说："老师，我尽全力了，这是我报答您的小小的举措。虽然和您留在我心中的巨大影响相比，显得那样微不足道，但我多么想透过这本书，把我们之间的距离，从十万八千里加三千大千世界，稍稍往前拉一些，再稍稍往前拉一些。"

这一年，我的一位老师曾问过我，你的博士论文什么时候要完成呢？我跟老师说，我正在努力写另一本书。老师对我说，你怎么不先办正事呢？我说："老师，这是我的正事啊！"我把写毕业论文的时间挪过来写了这本书——我当然知道，我没法儿用这本小书纪念老师，相反地，是老师用他的生命和精神光耀了这本书，完完全全是老师，让这本小书有了巨大的光彩。

第一篇 | 潜龙勿用：
毓老的前世今生

毓老师的家世

毓老师，原名爱新觉罗·金成，宣统皇帝赐名毓鋆，光绪三十二年（1906）旧历九月十日出生，二〇一一年三月二十日过世。乃清朝礼烈亲王代善之裔孙（旧传闻为光绪年间领班军机大臣礼亲王世铎公之孙，实有误[1]），父亲为礼惇公，母亲为钮祜禄氏（咸丰孝贞显皇后钮祜禄氏的外甥女），妻为钮祜禄氏（咸丰皇后的内孙女，毓老师舅舅的女儿）。

毓老师源出礼亲王一脉。礼亲王代善（1583-1648），为清太祖努尔哈赤次子，战功彪炳，一片忠心，原有机会继承大

---

[1] 如《无隐录》即说毓老师为"清光绪领班军机大臣礼亲王世铎公之孙"，毓老师曾亲口对学生说过，并非世铎之孙。后来有此讹传，当与毓老师所用之信笺上印有"世铎精庐"有关，信笺印字"世铎"实取《论语》"天将以夫子为木铎"之意，并非纪念清末礼亲王世铎。

统,却转向支持八弟皇太极即位,受封和硕礼亲王。礼亲王一脉,从清太宗皇太极崇德元年(1636)至清宣统皇帝逊位后三年(1914),共两百七十八年,历十代,传十五王,声势显赫,人才济济,宗族中绝无仅有,堪称"清代第一王"。

代 善

第一代礼亲王,爱新觉罗·代善,生于明朝万历十一年(1583),为努尔哈赤次子。代善与其长兄褚英,均为努尔哈赤原配大福晋佟佳氏,即哈哈纳扎青所生,十四岁时便已经被父亲封为贝勒[1]。

赵尔巽等编撰《清史稿》(列传三·诸王二·太祖诸子一)卷二百一十六有《代善传》。从传文看,代善有几项重要功绩,第一是辅佐清太祖努尔哈赤统一女真,建立大金汗朝(史称后金);第二是拥立皇太极继承努尔哈赤汗位;第三是皇太极驾崩之后拥立其第九幼子福临(顺治皇帝)继承帝位。由此可见,代善在清初政权建立及皇位转移中的重大关键影响力。

《代善传》极力刻画代善果决及勇猛的形象。如丁未年(1607)征讨乌喇,代善驰逐其主将博克多,是"自马上左手攫其胄斩之";癸丑年(1613)伐乌喇,临阵时太祖努尔哈赤尚且迟疑,代善果决献言:"我师远伐,利速战……出而不战,将谓之何?"太祖许之,代善临阵奋击,大破之,"乌喇兵溃走,代

---

[1] 贝勒,满语为beile,约相当于部落酋长,满族早期没有亲王和郡王,努尔哈赤称汗后,儿子多称贝勒。皇太极崇德元年称帝后,受汉人影响,贝勒成为宗室爵位之一,爵位由大而小分别为亲王、郡王、贝勒、贝子、镇国公、辅国公。统名曰入八分贝勒。详见《啸亭杂录》卷七《王公降袭次第》。

善追殪过半"。努尔哈赤建立大金汗朝,建元号为天命,天命三年(1618)始用兵明朝,欲攻克抚顺城,行兵二日,遭遇大雨,太祖想要还师,代善又献言:"我师既入明境,遽引还,将复与修好乎?师既出,孰能讳之?且雨何害,适足以懈敌耳。"于是继续进兵,围攻抚顺城,最后顺利攻下。天命四年(1619),萨尔浒大战役,明军出动十六万人,其中有一场尚间崖的战事,太祖命令军队下马徒步作战,全军下马尚未完毕,明朝军队突然出现,代善见状立即"跃马入阵",领着全"师奋进,斩获过半",终于击溃明朝大军。

其后又跟随太祖伐克沈阳,太祖驾崩之后,又跟从太宗皇太极伐蒙古、破明军、讨朝鲜;太宗驾崩之后,又跟从顺治皇帝从盛京迁都北京等。这些都巨细靡遗地显示了代善骁勇善战的形象,以及彪炳的战功。

代善对清朝最大的贡献除了攻池掠地之外,还有就是曾在两次国家情势危疑险峻的政权转移过程,做出明智的决断。他所做的决断,深刻影响了清朝日后发展。从这个角度看,代善成了清初国祚延续与否的重大关键者。

第一次政权转移发生在努尔哈赤崩殂之时(天命十一年,1626),当时汗位争夺相当激烈,实力较为雄厚者有代善(大贝勒)、皇太极(四贝勒)和阿济格(十二皇子)等人。至于努尔哈赤长子褚英,早因有异志而被努尔哈赤幽死于禁所。代善成为努尔哈赤年纪最长的儿子,同时身为贝勒之首——大贝勒,原本最有机会继承大统,却曾因三件小事而遭受努尔哈赤严责痛斥,这三件小事分别为被人揭发与努尔哈赤大福晋乌拉那拉氏的暧昧关系、在萨尔浒修建府第时犹豫不决患得患失,以及虐待前妻之子。这三件事看来都不是很要紧,因为满人习俗本有"父死，子妻庶母"（儿子可以娶庶母）的旧俗。努尔哈赤也曾说过，死后诸幼子和大福晋交给大阿哥收养。代善身为大贝勒（长子褚英已死），自然有收养之责。另外修建府第、虐待前妻之子，充其量也只能说是道德小瑕疵。不过这些现在看起来像是为了争夺汗位所发动的阴谋攻击，经过四大臣调查证实之后，着实让努尔哈赤大为恼怒，褫夺了代善一旗兵力，代善的地位也就顿时下降，难以和过去相比了。

话虽如此，代善仍是努尔哈赤原配大福晋佟佳氏之子，统兵作战，军功彪炳，位列四大贝勒之首，领有正红、镶红二旗兵力，又曾辅佐父亲努尔哈赤治国理政，竞争实力依然强大。加上代善四个儿子岳托、硕托、萨哈璘、瓦克达，皆是能征惯战、英勇善战的猛将；侄子杜度（代善长兄褚英之子）依附代善，转战四方，屡建军功，领有镶白旗。四子一侄护翼代善，人才众多，竞争实力仍最为强大，为其他贝勒所难以望其项背。

至于四贝勒皇太极，也颇具竞争实力。他文武双全，文能用权术出智谋；武能驰骋沙场斩将歼敌，领有正白旗。他竞争汗位最大的优势在于深受努尔哈赤宠爱，以及众多八旗高官将领的全力支持。

至于十二皇子阿济格，因其母亲阿巴亥王妃深受努尔哈赤宠爱，爱屋及乌，十六岁时阿济格就受封后金八大贝勒中之一（四大贝勒和四小贝勒，阿济格是四小贝勒之一），不久又荣膺镶黄旗旗主。除此之外，阿济格从小便随父出征，骁勇善战，多次以寡击众，克敌制胜，战功表现优异。再加上阿济格同母弟多尔衮和幼弟多铎，兄弟三人拥有二旗，即镶黄旗和正黄旗，母亲阿巴亥又是后金国母，所以阿济格集团颇具实力争取汗位。不过这个集团的致命伤，就是三人年龄都不大，阿济格才二十一岁,多尔衮[1]和多铎只有十来岁(代善四十三岁,皇太极三十四岁)。

其余四大贝勒,二贝勒阿敏(镶蓝旗旗主)、三贝勒莽古尔泰(正蓝旗旗主)等人可能也都有问鼎汗位的意图。

最后,代善以他的年龄、辈分、威望和势力,审时度势,做出了令人讶异的决定,他并没有自立为汗,反而推举四贝勒皇太极继承汗位。此一举措,立即稳定了当时动荡的形势,维持住了皇族团结,避免了一场兄争弟夺骨肉相残的灾难,让后金转危为安,巩固了好不容易打下的江山,并为后来大清帝国的建立打下基础。因为这次权力转移稍有不慎,刚建立的后金国,很可能毁于一旦。

第二次政权转移发生在皇太极崩殂之后。

皇太极在位十八年,南征北讨,在位第十年(天聪十年,1636)控制漠南蒙古之后,登皇帝位,尊号"宽温仁圣皇帝",改"大金"国号为"大清",改"天聪"年号为"崇德",将都城"沈阳"改为"盛京"。分封兄弟子侄,封代善为"和硕兄礼亲王",尊代善为"兄"。

崇德六年(1641),皇太极带病急援松锦之战,大败明军,生俘洪承畴。此役为后来清朝灭明,征服天下打下了坚实基础。崇德八年(1643),皇太极于入关前夕因脑中风病逝。由于死前未明立继承人,争夺帝位的情况再度出现。

---

[1] 毓老师曾说:"清朝最大的德行,就是废除殉葬。多尔衮何以愤愤不平?就是他的母亲遭殉葬(一说皇太极强迫努尔哈赤的爱妃阿巴亥国母,在努尔哈赤死后殉葬,此一举措,可使多尔衮集团失去'国母'此一特殊身份的支撑,无法再行争夺汗位)。殉葬前,必须冠戴整齐,举行仪式,接受朝拜,然后喝毒酒。殉葬一直到圣祖仁皇帝康熙时才完全废除。"

当时最有可能的继位者有三个，一个是皇太极的长子豪格，一个是皇太极已经长大成人的弟弟多尔衮，一个是皇太极的哥哥代善。

当时长子豪格，拥有其父皇太极的正黄、镶黄二旗，自己也南征北战二十年，军功卓著，先后膺任和硕贝勒、和硕肃亲王，并统摄六部中最重要的户部，而且豪格在八旗王公大臣中享有较高的威望。至于皇太极的弟弟，受封和硕睿亲王的多尔衮，拥有正白旗，加上弟弟多铎的镶白旗（皇太极于崇德二年命多尔衮为正白旗旗主，多铎为镶白旗旗主），人马众多，长期受到皇太极的宠爱，也得到不少老臣支持，势力相当强大。另一位还是代善，虽然年事已高（六十岁），又退居幕后多年，但他仍拥有正红、镶红二旗，曾统兵出征叱咤风云三十年，为大清的建立与强盛壮大，建立了不可磨灭的功勋。在八旗王公中，他的资历最老，地位最高，又有一批封受王公爵位的儿孙支援，势力仍旧非常强大。

议立新君的过程，两黄旗主要大臣都想拥立豪格为帝，两白旗则拥戴多尔衮，彼此争执不下，甚至陈兵示威，大有一触即发之势。代善再一次冷静明智地处理了此一难题，他既不参与皇位角逐，也不支持多尔衮或豪格任何一方，反而赞同多尔衮为了平息争端所提出的拥立皇太极九子福临（顺治皇帝当时六岁）继位的建议。同时为了表示忠心，还大义灭亲当众告发儿子硕托、孙子阿达礼准备密谋拥立多尔衮的活动[1]，从而妥善地解决了争夺皇位的难题，再一次成功避免了两方人马大动干戈，

---

[1] 毓老师上课曾说："祖先因为政治立场不同，亲手杀儿子孙子，谥号才取作'烈'，这就是世情，看破世情惊破胆，万般不与政事同啊！"即指此事。

骨肉相残的悲剧，保全了清朝皇族的团结与完整，并为八个月后清军进关、入主中原，创造了极为有利的环境。可以说，代善再一次运用了他的大公无私、深谋远虑、忠心耿耿和运筹帷幄，使得清王朝趋吉避凶，立下国祚持续两百余年的大功。

值此之故，代善病卒时（顺治五年，1648），顺治皇帝特赐祭葬，立碑纪功。康熙十年（1671），追谥为烈[1]。乾隆十九年（1754），入祀盛京贤王祠；四十三年，配享太庙。第七子满达海袭爵，后代世袭罔替。即俗称的铁帽子王。

满达海、杰书、昭梿、世铎

代善有八子，有爵位者七：岳托、硕托、萨哈璘、瓦克达、玛占、满达海、祜塞。三子封为亲王，两子封为郡王，一子封为贝子，一子封辅国公。清朝世袭罔替的八大铁帽子王，代善祖孙三代就占了三个，即礼亲王代善、克勤郡王岳托（代善子）、顺承郡王罗洛浑（代善孙，岳托子）。代善一族，风光显赫。

代善死后，由七子满达海继承第二代礼亲王爵位，顺治八年（1651），改封为巽亲王。

顺治九年（1652），再由满达海长子常阿岱袭封巽亲王（为第三代礼亲王）。顺治十六年（1659），常阿岱因父罪谪降贝勒（其父满达海生前亲近多尔衮，顺治皇帝于多尔衮死后秋后算账），世袭亲王爵位也被迫革夺，后代次第降袭爵位，最后又因

---

[1] 毓老师重修永陵，于一石宫灯下镌有"礼烈裔孙……"，"礼烈"指的就是康熙皇帝追谥的先祖"礼烈亲王"代善。

罪连爵位都被革掉了。

常阿岱于顺治十六年被革除巽亲王爵位，由原本已经袭封父亲祜塞（代善第八子），康郡王的杰书继承之，并改封为康亲王（礼亲王第四代）。

康熙三十六年（1697），杰书第五子椿泰，袭封康亲王（礼亲王第五代）。

康熙四十八年（1709），椿泰之子崇安袭封康亲王（礼亲王第六代）。

雍正十二年（1734），杰书第四子巴尔图袭封康亲王（礼亲王第七代）。

乾隆十八年（1753），崇安次子永恩袭封康亲王（礼亲王第八代）。到了乾隆四十三年（1778），为表彰先祖功绩，决定恢复清初"八大铁帽子"王爵封号，于是又将"康亲王"恢复成"礼亲王"。

嘉庆十年（1805），永恩之子昭梿袭封礼亲王（礼亲王第九代），至二十年（1815）因罪革除爵位。

嘉庆二十二年（1817），崇安的第三子永奎的长子麟趾袭封礼亲王（礼亲王第十代）。

道光元年（1821），麟趾之孙全龄袭封礼亲王（礼亲王第十一代）。

道光三十年（1850），全龄第三子世铎袭封礼亲王（礼亲王第十二代）。

民国三年（1914），世铎之子诚厚袭封礼亲王（礼亲王第十三代，谥号"敦"）。

代善后代，第二代礼亲王满达海（代善子），随太祖太宗四处征战，大战洪承畴、吴三桂。顺治元年，满达海从福临入关，大败李自成，又曾率兵平定山西叛匪，也同父兄一样，战功彪炳。

第四代礼亲王杰书，于康熙八年（1669）玄烨（康熙）皇帝铲除鳌拜及其党羽，已然进入议政王之列。康熙十二年（1673）爆发"三藩之乱"（历时十八年），驻守云南的平西王吴三桂、驻守广东的平南王尚可喜、驻守福建的靖南王耿继茂（后由其子耿精忠袭爵）三个藩王，起兵反清复明，获得广泛响应，一时间南方诸省纷纷叛变，刚刚稳定的大清皇朝面临严重威胁。康熙十二年，康熙派八旗出征，十三年命康亲王杰书为奉命大将军，率领第三路大军前往浙江，进剿耿精忠叛军。时年三十岁的杰书，生平第一次统领大军出征作战，为国家效力疆场，保卫金华取得几场重要战役胜利。康熙十四年（1675）杰书派兵主动出击，收复处州，进攻温州，直抵福建，最终招降耿精忠，顺利平定福建、浙江等地叛乱。此后并扫荡金门、厦门一带郑经的军队，驱回台湾。康熙十七年（1678），康亲王杰书在浙、闽地区转战六年，至此大功告成。凯旋班师回朝之时，康熙皇帝亲自到卢沟桥迎接，备极荣宠。康亲王发挥自己的才华、勇气与能力，平定耿精忠、郑经的叛乱，维护大清皇朝得以稳定，同时也承继发扬了礼亲王历代祖先的军功战绩。

第九代礼亲王，昭梿，号汲修主人，嘉庆十年袭封礼亲王，嘉庆二十年因虐下[1]（虐待庄头）获罪，遭革爵圈禁[2]。半年后

---

[1] 此事前因后果，据《清仁宗实录》卷三一二，"嘉庆二十年十一月己酉"条载："昭梿因于大海增租，谋充庄头，即将程建义革退，并令照于大海加增之数，加找二年租银。程建义之父程幅海不从，昭梿派护卫柳长寿前往程幅海家抢割庄稼，拆毁房屋，又将程幅海父子叔侄六人圈禁。昭梿又掷瓷瓶于地，用瓷片划伤程建义、程建忠脊背百余道，至于流血昏晕。"

[2] 毓老师曾说："这是因为得罪了（嘉庆）皇帝。"

蒙赦释还，但并未恢复爵位，道光二年才辗转谋得宗人府候补主事，自此郁郁寡欢，于道光年间病故，享年五十四岁。昭梿与祖先们崇武尚勇的家风不甚相同，他的文人气质非常浓厚[1]，起因于父亲礼亲王永恩嗜好文学，自幼耳濡目染，渐成习惯。结交满人亲贵王公文士，亦结交姚鼐（清初文学家，桐城派大家）、法式善（清初文学家、诗人和史学家，曾参与修《四库全书》）、鲍桂星（清初文学家）等名人学士，也与当时文史学家魏源、龚自珍、袁枚等都有交往，相互切磋讨论。昭梿一生历经乾隆、嘉庆、道光三朝，适值乾嘉考据学风盛行，除曾撰有两百余篇诗文（今皆亡佚）之外，还留有一本史料笔记《啸亭杂录》。

《啸亭杂录》是昭梿研读史籍典册与亲身见闻的札记，内容为清道光初年以前重大政治、军事、经济、文化、典章制度，到民俗、宗教、诗文、音乐、戏曲、传说、人物、遗闻逸事（个人或王公贵族、文武官员）、生活琐事、读后感、评论，相当丰富。其文笔简练畅达，详略得宜，加上昭梿深受乾嘉学风熏陶，考证严谨，所撰史实多为亲身经历，若是听得来必定详注出处，因此错误极少，极具史料价值（《清史稿》编撰时即大量采录此书）。

但昭梿本人并不十分看重此书，纯是写文自娱，从未想过以此传世，因此病故后文稿率由散失。不过坊间却颇好此书，不断传抄，甚至有赝本出现，直到光绪元年才由醇亲王奕𫍯得

---

[1]《啸亭杂录》卷二《宗室诗人》、卷六《红兰主人》，提到安亲王之子红兰主人（岳端），昭梿对他善诗词、延致文学之士等行为，颇流露欣羡之情。红兰主人曾编选唐人孟郊、贾岛诗，为《寒瘦集》行世，昭梿对此事评论是"以宗藩贵胄之尊，而慕尚二子之诗，亦可谓高旷矣"，从这些就不难想见昭梿的文士之风了。

到抄本，请德钟和松龄抄录，再由内阁学士兼礼部侍郎耀年（蒙古人）等人搜集残稿，重新删节、校对、编纂，得"杂录"十卷、"续录"五卷，三十余万字，重新印行出版。耀年在书前写了一篇小序，说昭梿治学严谨："于古义之歧疑，品类之纯驳，务商订精确而求其所安，士有一得，不妨反复辩论，采纳折中焉。"说昭梿对此书的态度是："寻以驭下严，获谴，益谦抑韬晦，不欲以名见。平生所作诗文甚夥，率散佚无存者，此篇又其随手编辑，益听其散漫而不惜矣。""驭下严，获谴"指的就是被检举虐待下人，遭嘉庆皇帝革爵圈禁之事。生命的重大挫折，让昭梿更加韬光养晦，不敢以名传世了。

《啸亭杂录》中记录了两条关于礼亲王府的资料，分别为"礼烈亲王纛"（卷八）和"先礼烈王骹箭"（卷九）。"纛"（大旗）和"骹箭"（响箭）都是第一代礼亲王代善的遗物，存藏于礼亲王府中。关于"纛"的记载是，代善曾和郑亲王征讨辉发，夜间大纛顿生光焰，郑亲王以为凶兆，急欲撤军；代善却说，是破敌吉兆，坚持整师进军，最终灭掉辉发（此则即被《清史稿》收录）。昭梿最后补充说，大纛还保留在礼亲王府中，而且旗顶不同于一般定制用铜火焰形，而是悬生铁明镜，借以标志祥瑞吉兆。关于"骹箭"这则记录，就很能显露出昭梿受考据之风的影响。这支第一代礼亲王代善遗留下的箭，全由木头制成，箭镞长一尺六寸，直径三寸，宽九寸，周围有觚棱（棱角）六，窅（凸起处）处穿孔数亦如之；箭杆长三尺六寸，箭括受弦的地方比一个拇指大。换言之，就是一把大型木巨箭（非挽百石弓者不能发而中之）。昭梿查考《唐六典》"鸣箭曰骹"和《汉书》"鸣镝，骹箭也"确定了此木箭的名称，然后他找了人把收藏于家庙的"骹箭"取出、绘图，再找一批名士按图题诗，最后收录了他觉得写得最好的两首诗。从这些行径，都很能看出昭梿的学者与文人气质。

另在《啸亭杂录》还有两则和毓老师身世有关，分别为《五大臣》（卷二）及《八大家》（卷十），前一则笔记提到"国初太祖时，以瓜尔佳信勇公费英东、钮钴禄宏毅公额亦都、董鄂温顺公何和理、佟忠烈公扈尔汉、觉罗公费扬古为五大臣，凡军国重务，皆命赞决焉"。后一则提到"满洲氏族，以瓜尔佳氏直义公之后，钮钴禄氏宏毅公之后……为八大家云，凡尚主选婚，以及赏赐功臣奴仆，皆以八族为最云"。此"钮钴禄"即为"钮祜禄"（音译不同），雍正皇后（孝圣宪皇后）、嘉庆皇后（孝和睿皇后）、道光皇后（孝穆成皇后、孝全成皇后）、咸丰皇后（孝贞显皇后）都是"钮祜禄氏"，可见都是源自清初五大臣、八大家之后。毓老师的母亲和妻子，也都是出自钮祜禄家族。

第十二代礼亲王世铎，道光三十年袭封礼亲王。同治年间，授内大臣。光绪十年，醇亲王奕譞荐举，入值军机处，命在军机大臣上行走。十一年，任军机处领班大臣，处理军国大事。光绪亲政，世铎请解军机大臣职，慈禧不允，并为之增护卫、赐亲王双俸。二十七年，罢直，任宗人府宗令。宣统元年，慈禧太后的丧事，即由礼亲王世铎主筹。宣统三年，任皇族内阁弼德院（清末新设的顾问国务参议机构）顾问大臣。民国三年卒，谥号恪。

毓鋆

世铎过世（1914），朝代进入民国，清王公贵族本该失去一切爵位，但因为隆裕皇太后颁布"宣统帝退位诏书"，接受民国政府之《清皇室优待条例》，条例中有"清帝逊位之后，其尊号仍存不废""清王公世爵概仍其旧"，因此清朝还维持一个小朝廷局面，礼亲王世铎也就仍保有其爵位及所有财产，直到民国十三年（1924）冯玉祥将溥仪赶出紫禁城，取消优待条例为止。

这段时间，记录就不如清朝时的详细。世铎过世后，据《清史稿》"（世铎）子诚厚，袭。薨，谥曰敦"。只此寥寥数语，诚厚死于民国六年（1917），死后清小朝廷仍在，因此似乎又袭封给世铎另一子诚堃（1886–1929），又据睿亲王之后人金寄水《王府生活实录》（1987），指末代礼亲王为金睿铭（1918–1951，一说金浚铭）。可见自诚厚之后，礼亲王传承基本上就不甚可考了。毓老师生前曾对学生当面提及其父并非"诚厚"，但未明言是谁。查考毓老师曾在刊印《妙法莲华经》前撰一序，文中尊称其父为"礼惇公"，可见毓老师父亲确实为礼亲王，且赐谥号为"惇"，但究竟为何人，如今也无法考证了。若毓老师父亲确为礼亲王无误，又死于"满洲国"时期，当时毓老师必然承袭了亲王爵位——因此才能理解毓老师的友人为何总称他为"王爷"——只是后来"满洲国"覆灭，大家讳莫如深，也就不太提当时的细节了。

金寄水《王府生活实录》描述一九一一至一九二四年间北京王府生活实况，可以借此来想象毓老师年幼时的生活。序文说："对当时的贵族们来讲，这十几年是个特殊阶段，鼎已革，而'小朝廷'犹在，诸王府亦未完全解体，一切力图率由旧章，实属史无前例。由于清王朝已丧失了对我国的统治权，事实上已不可能再同往昔一样，无非苟延残喘而已。但对当事者来说，却毫无'舆图换稿'之感，依旧昏昏然地醉生梦死，踵事增华。"书中首篇《且说北京王府》提到王府的尊贵性，品级高，建筑规模大，王府正房称为殿，殿顶覆盖绿琉璃瓦，殿中设有屏风和宝座,外表看上去就像是一个缩小的宫廷。[1]再提到王府名称的独特性,引《大清会典·工部》记载:"凡亲王、郡王、世子、贝勒、贝子、镇国公、辅国公的住所,均称为府。其中'亲王、郡王'称王府。"府,就不能用琉璃瓦覆盖屋顶,正房亦不能称为殿,屏风与宝座更不能设置。除此之外,房屋数、油饰彩画、台基高低、门钉多寡,王府和府也都有严格规定,不可逾制。至于其他非皇族的达官显贵,即使封爵,或官拜尚书、大学士、军机大臣等重臣,住所只能称"宅"或"第",不能称"府"。

金寄水在这篇文章中特别提到礼王府,是目前能看到的最早描述民国初年的礼亲王府资料(另有窦忠如《北京清王府》,关于礼亲王府颇采录此书资料),提到坐落位置:"王府占地百多亩,在西安门南边。最初东边挨着西皇城根,南到东斜街大酱房胡同,西临缸瓦市,北到板场胡同。"再提到后来王府辗转易手:"一九二七年,由蔡元培任校长的华北大学曾租用礼亲王府作校舍,该校为私立学校,经费拮据,无力对原有建筑进行改建,故王府保护完好。在华北大学租用期间,末代礼亲王金睿铭,全家仅住王府的后半部。一九四三年日本人市谷留治郎介绍售予'满铁',金睿铭全家才搬迁到了无量大人胡同居住。没过几年就一贫如洗了。"[2]从一九二七到一九四三年

---

[1] 毓老师晚年接见学生亦坐一宝座上。宝座系毓老师为纪念太师母百岁冥诞特别定制,原存放新店静园。毓老师百岁病愈后,命学生将该椅搬回温州街奉元书院。两三年前,该宝座三支椅腿已被白蚁蛀蚀,岌岌可危。毓老师设法用四张圆凳顶住椅座,权作椅腿再行使用,从未曾想过要丢弃。——其惜物念亲之情若此。

[2] 金寄水又提到:"礼亲王府有一个花园在海淀镇,后称'乐家花园'。当初花园分前园和后园。前园雕梁画栋,亭台楼阁无一缺遗。后园以叠石假山,将各个景区分隔开来。后来王府日益衰败,便将园内秘方卖给同仁堂药铺制药,借银度日,到民国前,所欠债银达数万两之多,后来不得不将花园抵债售予同仁

这段时间，毓老师已经留学日本，后来到了"满洲国"任职。所以与金睿铭的关系，也不可考了。[1]

礼亲王府，在一九四九年之后，曾是中华人民共和国内务部的办公室，现在是国家经济委员会的一处办公地点。毓老师是独生子，从小住在礼亲王府，曾说："皇宫里头什么都是宝，连夜壶也是宝。古人说'珠履三千'，有一双珠履就够吃两辈子，礼亲王府有好几双，那是历代皇帝赐给礼亲王大福晋的。"又说王府规矩最多，脱换衣服鞋子，都马虎不得，连看一下自己儿子，都像朝圣一般，后来索性不看了，儿子爱怎么长就怎么长。又说年轻时，最怕陪父母吃饭，父母高兴才让陪吃饭，吃饭必得盛装，长辈坐着，儿女也可以坐着，毓老师夫妇却必须站着吃。喝酒的酒杯很小，比老人茶杯还小，倒入嘴中一寸就得放下，喝三次才喝上一点点。所以一顿饭要吃上一个时辰（两小时）。当时毓老师曾笑看身旁的太太一眼，母亲看见了，便骂："轻佻！"（毓老师家教极严，连吃都要求礼仪，吃有吃相，说话

堂。从此成了乐家的乡村别墅。现在这处花园仍保存较完整。"这里提到礼亲王府的制药秘方，与毓老师上课偶提及的祖先"舍药"舍了三百年，恰好吻合。又此礼亲王花园，乃礼亲王四世孙平郡王福彭，入列雍正皇帝首设军机处军机大臣（雍正七年，1729），此时圆明园已初具规模，成为皇帝夏日避暑胜地，因此军机处在海淀亦设立办事机构，而福彭也在附近设置了一处礼亲王花园。此花园又与《红楼梦》作者曹雪芹有关，曹雪芹隐居北京西郊时，即屡受福彭周济，因此有学者认为《红楼梦》的大观园有礼亲王花园的影子。毓老师亦曾说："《红楼梦》就是写我们家的故事，贾家不是都在写老二的故事，贾宝玉的哥哥贾珠不是也死了，礼烈亲王就是老二！"

[1] 毓老师曾说："我从十三岁开始（指留学日本），一直被日本管到四十岁（指'满洲国'覆灭），一辈子都反日本，只有二样不反，味噌和生鱼片。现在虽不吃生鱼片，但嘴里也想起那滋味，人啊，欲壑难填啊！恨日本人，深入骨髓，只有喝味噌汤时才会暂时忘记。"又提到："满人不可吃狗、马和乌鸦肉，但'满洲'的朝鲜人必吃狗肉，不许他们吃，必偷吃。满族年轻人会偷跑去吃，我到现在没吃过狗肉！——生活环境要完全保存，不容易啊！"

也是一样。[1]所以毓老师常说:"威仪三千,威仪要特别注意,一怠慢还能成大事?")

毓老师又说:"亡国后,财产没被没收,很有钱,那是秘密,所以大家尽情享受。当时汽车是宝,我们家就买车摆阔,但只能在北京城里开,出城就没柏油路可走,城外石头都磨得光光的,车行如波浪,母亲常说:'坐洋车,消食儿!'"又说:"王府门禁森严,出去不容易,但若是要出去听演讲就可以,老父亲特别叮咛:'不可以去听胡闹的!'胡闹就是胡适。就是专为听胡适去的,只好和司机狼狈为奸,司机先让下车,好回说到哪里就下车了。等回家了再胡扯糊弄过去。"

毓老师母亲喜欢听平戏(指京剧),刚好赶上有了留声机,当时留声机也是奢侈品,王府就买了一台,母亲说:"比听戏舒畅些!"因为听戏是坐着,听留声机可以自由自在地活动。

毓老师有回上课时拿出一支一百多年的怀表,就说:"那是洋奴伺候中国的时代啊!时啊,时啊!"

毓老师又感叹说:"王爷没权,就没人行贿,就穷。过年还得当传家宝,充排场。"这句话正说明了清宗室为何到后来甚至连王府都变卖一空的主因。

从这些细节约略可以窥见毓老师在礼亲王府的享受与奢华,但毓老师很快就看穿荣华富贵背后的自私自利与不公不义,他曾说:"皇宫什么都有,就没厕所,是机动厕所,但皇宫花费多大啊,光是制'手纸'的工匠,就有三千人。裤子都用纨,比缎子还细,老师还有两件,有些破烂了。年轻时,就感觉到太不公平

---

[1] 有一次毓老师母亲到日本探望他,见日本女孩子光脚丫,大惊:"这是什么玩意儿?"因中国古代连睡觉都有睡衣、睡鞋。

了（指富贵贫贱）！老百姓如何不衣衫褴褛？如何不叛乱？"因此，毓老师日后走出一条异于自家祖先之路，礼烈亲王代善是开国元勋，武以戡定四方，文能谋克安平。历代子孙承继武风于不坠，对清朝多有建树，至昭梿略染文学之风，可惜无法全身而退。礼亲王一脉，至毓老师，他老人家前半生纵身大时代，以武拼搏，颇继承家风，常说："我是情报出身，每天和敌人奋斗，早上出门，晚上能不能回家也不知道。身上一定带两把枪，中国当时有租界，只要见落单的外国人，一定枪杀。曾当中国人面前杀一外国人——洋人在我们太庙牧马！"后半生来台，隐居讲学，主持书院，柳暗花明又一村，俨俨然，一代大儒也。

礼亲王一脉，从武入儒，从一朝之大功臣，到万代之大宗师。——毓老师，诚无忝其列祖列宗也。

毓老师的师承

魏斐德（Frederic Wakeman, Jr.，加州柏克莱大学教授，二〇〇六年逝世）于一九七〇年编录《无隐录——致敬刘毓鋆论文集》（*Nothing Concealed: Essays in Honor of Liu Yu-Yun*）提到毓老师的师承是："幼承庭训，及长，师事太傅陈公宝琛、郑公孝胥、罗公振玉、柯公劭忞、王公国维、康公南海、梁公启超、叶公玉麟诸大师，攻经、史、子、集；英人教师庄士敦传西学。"以下依此线索略申述之。

一、庭 训

毓老师七八岁时即在母亲（钮祜禄氏，咸丰孝贞显皇后钮祜禄氏外甥女，礼亲王福晋）严格督促下，至十三岁时熟背经书，背完时母亲责备他："没出息！"因为皇子大多十二岁就已经背完《十三经》，竟然比人家晚了一年。母亲又曾责备他说："样样通，件件松，就是不懂得'择善而固执之'！"毓老师上课时回忆此事，曾开玩笑说："读书时恨母亲，但现在可以唬你们，真得感谢老母亲。"又说："我没有一天不看书，散步的时候，也在脑海里回味回味经书。"

礼亲王家规极严，禁酒、禁赌、三代不纳妾。毓老师终身服之，即使独身一人到台湾，六十余年从未再娶。

二、陈宝琛（与虚云法师）

陈宝琛（1848—1935），字伯潜，号弢庵、陶庵，又号听水老人。福建闽县（今福州市）人。同治七年（1868）二十一岁进士及第，选翰林院庶吉士，后授编修。光绪元年（1875）擢翰林侍读，与学士张佩纶（张爱玲的祖父）、通政使黄体芳、侍郎宝廷等好论时政，合称"清流四谏"。光绪六年（1880），充武英殿提调官。翌年，授翰林院侍讲学士，纂修《穆宗本纪》。光绪八年（1882）任江西学政，重修白鹿洞书院。法兵侵犯越南，陈宝琛与张佩纶力荐唐炯、徐延旭堪任军职。光绪十年（1884），上《请募勇参用西法教练》，主张"变化以尽利，任人以责实，筹饷以持久"，遂擢会办南洋事宜。后因原荐之唐、徐两人兵败受到牵连，部议降五级处分。此时，陈宝琛恰丁母忧回籍，从此辞官闲居福州二十五年。闲居时期，闭门读书、赋诗、写字之外，亦积极开拓福建现代教育与铁路实业，亦曾应台湾巡抚刘铭传之请到过台湾一段时间。

宣统元年（1909）奉召入京，担任礼学馆总纂大臣。宣统三年（1911），陈宝琛任溥仪老师，赐紫禁城骑马，授读三年，备受荣宠。民国元年（1912）二月十二日，清帝逊位，追随溥仪，受命修《德宗实录》。民国十年（1921），修成《德宗本纪》，授太傅。民国十二年（1923），引荐郑孝胥入宫。民国十四年（1925），随溥仪移居天津，即使被溥仪认为"忠心可嘉，迂腐不堪"，却始终反对溥仪在日本的怂恿与策动下到东北去建立"满洲国"，并说："贸然从事，只怕去时容易回时难。"民国二十一年（1932），"满洲国"成立前后，陈宝琛专程赴旅顺探望溥仪，趁两次见面时再度劝谏，最后险些被日本关东军囚禁。民国二十四年（1935）病逝于天津，享寿八十七岁，谥号文忠，归葬福州。

毓老师在"满洲国"成立前，曾奉命至福建福州接陈太傅至旅顺晋见溥仪（一说是"满洲国"成立特别邀请陈太傅去观礼），当时陈宝琛从天津溥仪身边离开，回到老家福州休隐。毓老师在这次接送任务中，得到陈太傅的引荐，至福州鼓山涌泉寺，面见虚云法师，正式皈依佛教。据岑学吕编撰《虚云和尚年谱》"民国二十二年癸酉九十四岁，六月（鼓山涌泉寺）放生园落成"一条载有："陈太傅宝琛记其事曰：'虚云方丈，建放生园。余曰："……（略）"癸酉夏闰五月听水居士陈宝琛记，时年八十有六。'"此文正写于陈宝琛受毓老师接送至旅顺探访溥仪之后，亦可见陈宝琛与虚云法师之交情。

毓老师上课时曾说[1]："当时成立'满洲国'，陈太傅、陈

---

[1] 毓老师每次讲到陈太傅，一定会说到王尔烈把丫头扶正的笑话（据马康庄学长所记）。王尔烈（1728–1801），奉天府辽阳人，乾隆三十六年辛卯恩科进士。王尔烈的故事很多，相传乾隆皇帝有一天乔装混进举子中参加考试，想和

三立（陈寅恪的父亲）都反对，只有郑太夷（孝胥）、罗叔蕴（振玉）赞成，结果他们两个的学生牺牲多少，后来都成了汉奸。"毓老师感叹地说："郑孝胥是宋体诗之首（清朝同光体诗派之首，以学宋诗为宗），名家之学，不一定能成事。许多名儒，啥也不会做，康南海先生，让瀛台泣血，不是只证明了，书生误国！熊十力老夫子，学问好，一件事也不会做，一做事就和人吵架！讲学是一回事，办事又是一回事，学问要能'用事'最重要！"

三、郑孝胥

郑孝胥（1860-1938），字苏戡，号海藏，福建闽县（今福州市）人。清光绪八年（1882）考中举人，历任广西边防大臣，安徽、广东按察使，湖南布政使等。郑孝胥曾参与戊戌变法；清朝立宪运动时期，受岑春煊派遣，出任预备立宪公会会长，要求清廷尽速召开国会；也曾经参加上海商务印书馆、上

天下英才一较高下，没想到王尔烈才高八斗，获殿试二甲第一名。乾隆很欣赏他，命他做皇子永琰（嘉庆皇帝）的老师，正所谓"老主同年少主师"。王尔烈晚年把十五六岁的丫头扶正，作为正室，不管她的出身和年龄，总是皇帝的师母。这个小丫头的皇帝师母身份，成为王尔烈家族平安富裕的护身符。

陈太傅晚年也娶了一个年轻的太太，毓老师每次都开玩笑说，陈太傅可能也想学王尔烈，永保家族平安。陈太傅的年轻夫人为他生下第六子，小名叫陈小六，正式的名字叫陈立鸥，曾任美国旧金山州立大学中文系系主任。一九七二年六月底曾率十三师生到台湾学习中国语言，当时曾来探望毓老师，二人交谈甚欢。老师看着陈小六的背影道："小六的背影神似先太傅。" 陈立鸥于二十世纪七十年代在旧金山创办彩虹电视台，规模虽然很小，但却是亚裔创办媒体的先驱。一九八二年他的好友、同事许芥昱教授因遭土石流之难丧生，陈立鸥谱了一首歌纪念他，就是《天天天蓝》，歌词的最后几句也出自陈立鸥之手——"情是深，义是浓，离是苦，想是空"，一时脍炙人口。

海储蓄银行的创建，以及新式教育的推动等。一九一一年辛亥革命后以遗老自居，民国十二年（1923），经陈宝琛引荐入宫，担任溥仪小朝廷内务大臣与顾问。民国十三年（1924）溥仪遭驱逐紫禁城后，随溥仪从北京潜逃至天津日租界，郑孝胥早年曾在清廷驻日本大使馆做过书记官（一八九一年李鸿章之子李经方出使日本，颇得李鸿章赏识的郑孝胥获命调任清朝驻日本公使馆书记官。一八九三年，郑孝胥又被任命为大阪兼神户领事。一八九四年六月，中日甲午战争爆发，两个月后，郑孝胥随驻日公使下旗回国），因此与日本关系密切。一九三一年"九一八"事变之后，东北三省全部被日本关东军占领，此时郑孝胥劝说溥仪前往满洲，并与日本达成建立"满洲国"的协议，负责起草"满洲国国歌"与"建国宣言"。一九三二年三月八日，郑孝胥随溥仪登上前往长春的轮船"淡路丸号"及火车。三月九日，溥仪举行了就职典礼，郑孝胥担任伪满洲国总理兼陆军大臣、文教部长等，与日本关东军代表武藤信义签订《日满议定书》，承认日本在"满洲国"的特殊地位与驻军权。郑孝胥的内阁虽然各部总长都是中国人，但实权却掌握在各部次长的日本人手里，面对此现实，郑感慨："何事与人说时命，残年由遣待苍茫。"后来郑孝胥因反对日本方面对"满洲国"的压制，于一九三五年被迫下台。一九三八年于新京（今长春）过世。

四、罗振玉

罗振玉（1866-1940），字叔蕴、叔言，号雪堂、贞松老人。浙江上虞人。曾任清廷学部参事及京师大学堂农科监督。

后又任"满洲国"参议府参议及"满日文化协会"会长。专研甲骨、金石、语言学,为甲骨四堂(即罗振玉、王国维、董作宾、郭沫若)之一,是近代甲骨金石学研究的开创、宣扬与集大成者。(一九〇三年罗振玉在上海见到刘鹗〔《老残游记》作者〕所藏甲骨,"一见诧为奇宝,怂恿刘君亟拓墨,为选千纸付影印",《铁云藏龟》由此面世。这是历史上第一本甲骨文的相关著作。)一九〇七年罗振玉进入学部后开始收藏甲骨,并深感其珍贵和濒危,因此一九一〇年前后大量搜求,毕生收藏甲骨数以万计,编有《殷墟书契前编》等书,是殷墟正式田野发掘前零星出土甲骨最重要的集录。另作《殷商贞卜文字考》,首先判明甲骨为殷人遗物,并考订出安阳小屯为殷墟。并与王国维合著《流沙坠简》,是近代学者研究简牍的发端。

罗振玉曾在一九〇八年学部任职期间,阻止朝廷焚毁内阁大库旧档,保存下来八千麻袋的藏书、奏折、公文等重要的历史文献。一九〇九年,又从至中国挖宝的法国考古学家伯希和口中得知,敦煌藏经洞中还有八千件写经卷轴,力劝京师大学堂买下这些国宝,终让几经劫掠外流异国的残存敦煌文书,得以保存国内。

罗振玉亦于一八九六年在上海创办东文学社,培养日文翻译人才,学员有王国维等人。

民国成立后,罗振玉遁往日本。一九一九年回国。一九二四年奉溥仪之召,入值南书房。一九二八年迁居关东旅顺。"九一八"事变后追随溥仪,参加溥仪就任"满洲国"执政典礼,并代溥仪向外宾致答词。出任"满洲国"参议府参议、满日文化协会会长等职。一九三四年伪满洲国改行帝制,受邀为大典筹备委员会委员,得到"叙勋一位"的封赏。受当时人批判为

"汉奸"。一九四〇年在旅顺逝世，享寿七十四岁。

罗振玉、王国维和柯劭忞，都是在一九二四年前后受召入值南书房。（"南书房"是在紫禁城乾清宫西南隅，本是康熙皇帝早年读书处。后选调翰林或翰林出身之官员到里面当值，除应制撰写文字外，并遵照皇帝旨意起草诏令，一度成为发布政令的地方。雍正年间军机处成立后，即专司文词书画之事。毓老师的嫡祖礼亲王昭梿《啸亭续录·南书房》："本朝自仁庙〔康熙皇帝〕建立南书房于乾清门右阶下，拣择词臣才品兼优者充之。"）据溥仪《我的前半生》："（罗振玉）自清末做到学部参事，是原学部侍郎宝熙的旧部，本来是和我接近不上的，在我婚后，由于升允的推荐，也由于他的考古学的名气，我接受了陈宝琛的建议，留做南书房行走，请他参加了对宫中古彝器的鉴定。和他前后不多时间来的当时的名学者，有他的姻亲王国维和以修元史闻名的柯劭忞。陈宝琛认为南书房有了这些人，颇为清室增色。"

毓老师上课曾回忆说："罗叔蕴，担任满洲国监察院院长，是标准的书呆子，把甲骨文拓片挂在纸窗上，问说：'像猫？像狗？'这不是猜闷儿（猜灯谜）吗？当时到东北拜罗叔蕴为师，谁先拜师，谁先成师兄。"

五、王国维

王国维（1877–1927），字静安，又字伯隅，晚号观堂（甲骨四堂之一），浙江嘉兴海宁人。王与梁启超、陈寅恪和赵元任号称清华国学研究院的"四大导师"。为近代连接中西美学的开拓学者，在文学、美学、史学、哲学、金石学、甲骨文、考古学、戏曲学等领域成就卓著。陈寅恪认为王国维的学术成就"几若无涯岸之可望，辙迹之可寻"。著述甚丰，有《海宁王静安先生遗书》《红楼梦评论》《宋元戏曲考》《人间词话》《观堂集林》《古史新证》等六十二种。

一九二三年，王国维应溥仪之召，从上海北上就任"南书房行走"。一九二四年底，溥仪离开紫禁城，王国维随驾前后。一九二五年，清华大学国学研究院聘王国维为教授，经请示溥仪之后就任，讲授经、史、小学，并研究汉魏石经、古代西北地理及蒙古史料。

一九二七年六月二日上午，王国维自沉颐和园昆明湖，自杀原因众说纷纭。遗书写："五十之年，只欠一死。经此事变，义无再辱。"后人猜测死因有"殉清""遭逼债""文化衰落"等说法。关于"殉清说"，指的是为清朝殉节，尽遗臣之忠，加上一九二七年，北伐军挥师北上，王国维听闻北伐军枪毙湖南叶德辉和湖北王葆心更坚定其决心。（叶氏是光绪进士、吏部主事，政治思想反对维新变法，赞成复辟君主制。一九二七，湖南农工商学各界团体在长沙召开"农民协会公审大会"，以"封建余孽、豪绅领袖"的罪名，将叶在浏城桥门外的识字岭枪决。而王氏被杀则是谣传。）"逼债说"，则是与罗振玉绝交与逼债，此说见溥仪《我的前半生》，早年王国维求学时代生活清苦，接受罗振玉的资助，甚至后来到日本几年的研究生活都是依靠罗振玉的供给，罗振玉更把女儿嫁给王国维长子王潜明，两人成了姻亲。但到了一九二七年，内务府大臣绍英托王国维帮溥仪变卖一些字画，罗振玉知道此事后，便说可以代劳，径自取走变卖，获得一千多元款项，却全数扣下，作为王国维偿债的款项。加上先前罗振玉经常以退婚作为要挟，不料此前一年长子忽然病逝，因此王的遗书上有叮嘱自家小孩儿"汝兄亦不必奔丧"，即指此事。王国维对此气愤不已，绍英又催促卖画款项，因此跳水自尽。"文化衰落说"，可见清华同事陈寅恪《王观堂先生挽词并序》："凡一种文化值衰落之时，为此文化所化之人，必感苦痛，其表现此文化之程量愈宏，则其所受之苦痛亦愈甚；迨既达极深之度，殆非出于自杀无以求一己之心安而义尽也。"又在《海宁王静安先生纪念碑》碑文中写道："先生以一死见其独立自由之意志，非所论于一人之恩怨，一姓之兴亡。"

毓老师上课时经常提到王观堂（国维）先生往事，说观堂先生到清华教书时，特别要他去旁听。因此，毓老师说他是清华第一个旁听生。第一次旁听时，毓老师问观堂先生："为何要这样教书？"毓老师后来就在书院上课时感叹："那时候和旧时读书就已经脱节了，现在一部有用的书都没读，能用事的太少了！"

毓老师又提到："观堂先生当初上课时，天天骂我们，要以复国为业，慷慨陈词治国平天下之策，闻者莫不动容。北伐时，忽然传来观堂先生在颐和园湖里溺毙的消息，起初大家都以为是失足落湖，又说是一气之下沉湖，众人不信。后来找到遗书，才知道是自沉。当时尸体从湖里捞起来，放在亭子里，一旁围观的人，全都情不自禁地流下眼泪，比较冷静地看了一会儿就走了，唯独我坐在一旁，沉默无语，心里想：'一个学富五车的人，临到用事时却沉湖了？''天天教别人救世的人，为何不能自救？这岂不是矛盾？'"这让毓老师的思想起了大变化。毓老师说："'载之空言，不如见之于行事之深切著明也'这句话对我影响最大！现在大家都读观堂先生的书，拿他做研究资料，做学问用他的书，但实学呢？却说不上。我告诉你们,讲道容易,行道难啊!"又特别提醒:"一个人受了环境变迁,他也要有所改变!"又感叹地说:"死了真是幸福!人生真的很苦!但是,人,生下来了,就不能自杀,人活着,必得活下去;既活着,就不能不往远处想,那留在人间的是什么?是德!"

二〇一一年,北京清华大学要礼聘毓老师到清华讲学,特地登门拜访,同时致赠清华大学珍藏的王国维信札印本。毓老师一见观堂先生的墨迹,一时百感交集,眶眥盈泪,泫然而下。

六、康有为、梁启超

康有为(1858—1927),又名祖诒,字广厦,号长素,又号明夷、更生、西樵山人、游存叟、天游化人,广东省南海县丹灶苏村人,人称康南海。康有为生于官宦家庭,自幼学习儒家思想,光绪五年(1879)二十四岁开始接触西方文化,后在上海购买大量西方书籍,吸取西方进化论与政治思想,初步形成维新变法的思想体系。光绪十七年(1891)后,因科举不第,回到广州设立万木草堂,收徒讲学,弟子有梁启超等人。光绪二十一年(1895),赴北京参加会试,听闻签订中日《马关条约》,便联合一千多名举人,上万言书,史称"公车上书"。会试后,考中进士,用工部主事。光绪二十三年(1897),德国占领胶州湾,康有为再次上书请求变法。光绪二十四年(1898),光绪帝在颐和园勤政殿召见康有为,任命他为总理衙门章京,准其专折奏事,筹备变法事宜,史称"戊戌变法"。后因慈禧太后阻挠,维新运动失败。光绪皇帝被软禁,康有为之弟康广仁被杀,康有为逃往日本，组织保皇会，鼓吹开明专制，反对革命。为了获得国际支持，他曾游历列国，会见欧洲各国君主。

民国成立之后，康有为于一九一三年回国，定居上海，主编杂志，宣扬尊孔复辟。作为保皇党领袖，他反对共和制，一直谋划溥仪复位。民国六年（1917）六月二十八日康有为从天津秘密进京，与北洋军阀张勋发动复辟，拥立溥仪登基，康有为担任弼德院副院长，不久即在当时北洋政府总理段祺瑞的讨伐下宣告失败。

一九二四年溥仪被冯玉祥逐出紫禁城后，康有为曾亲往天津，至溥仪居住的张园觐见探望。后迁居青岛，购宅居住，题其宅为"天游园"。一九二七年病逝青岛。

梁启超（1873-1929），字卓如、任甫，号任公，别号饮冰室主人，广东省新会县人。光绪十五年（1889），考中举人。光绪十六年（1890），入京参加考试，因朝中守旧势力排斥新思潮，不中落第。这一年梁得知康有为向皇帝上书请求变法，要求师友引荐。见面后，康向梁痛陈朝廷腐败及向西方寻求救国救民之理，梁听后深感佩服，即拜康为师。光绪十七年（1891），康有为在广州创设万木草堂，梁充任学长，万木草堂培养的学生，日后成为维新变法的骨干。光绪二十一年（1895），梁启超与康有为抵达北京参加会试，得知北洋水师全军覆没，李鸿章赴日签订《马关条约》。北京应试举人群情激愤。康梁即率领千余名举人，依汉代孝廉，乘着公家车辆，首尾相连五里，开往都察院上书。上书过后，康梁即参加会试。结果，康因"带头闹事"从第八名降为二甲四十八名。梁启超落第。其后朝廷拒绝上书，但康梁二人成为全国性知名的政治人物。

光绪二十四年（1898），光绪召见康有为后不久，在翁同龢等人推荐下，召见梁启超。"戊戌变法"失败之后，光绪皇帝被慈禧软禁，康有为逃往日本，梁启超亦逃往日本。康有为后又流亡加拿大，于光绪廿五年（1899）在加拿大创设保皇会，旨在营救光绪皇帝，康命梁抵达檀香山，创设保皇会分会与勤王事宜。后又往澳洲为保皇会分会发表演说，游说捐款。后又游历美洲。此后，梁的政治立场便经常在"君主立宪"与"民主（革命）宪政"之间摆荡。

民国六年（1917）六月十四日，张勋联合康有为入京赶走黎元洪，并于七月一日拥护宣统皇帝重新复位，史称"张勋复辟"。当晚，梁启超得知张勋复辟，立即请段祺瑞起兵讨贼，筹划组织讨逆军，段任命梁启超、汤化龙等人为讨逆军参赞。十一日，讨逆军攻入北京，康有为逃入美国使馆，康梁师生关系破裂。（梁启超于一九二九年一月在北京协和医院去世，终年五十六岁。）

民国十四年秋天，梁启超应聘任清华大学国学研究院导师，并担任京师图书馆馆长。毓老师拜康有为为师，因此称梁启超为"师兄"，曾到清华大学旁听梁启超讲"墨辩"。（墨辩指《墨子》书中《经上》《经下》《经说上》《经说下》《大取》《小取》六篇文献，是墨经逻辑的基本推理程式。）毓老师后来在书院上课时曾评说："我认为讲的人都没懂。"接着又说："台湾所谓的大师很多也都不懂中国学问！"

一九五七年前后，台湾报纸刊登了康有为的一位夫人带着孙子沦落在台北一条陋巷之中，处境艰苦。任卓宣（曾任国民党中央宣传部，政工干部学校教授）认为康的一生不论其政治立场如何，都是贡献给国家的，于是在报上发起募捐，亲自要求党政机构予以赞助[1]。毓老师得悉后，特别亲自登门道谢，这位毓老师尊称的"师母"，就是康有为的二房梁随觉（1880-1969），孙子则是康保延[2]，毓老师透过好友张其昀（字晓峰，文化大学创办人，曾任"教育部长"）帮忙，将康保延安置到文化大学工读。毓老师于此事之后仍时时周济师母及其孙子，其尊师之情若此。

七、柯劭忞

柯劭忞（1850-1933），字凤荪，号蓼园，山东胶州人。光绪十二年（1886）考取进士，授翰林院庶吉士，后改任编修，擢国子监司业，提督湖南学政，改授翰林院侍讲，转侍读，授贵州提学使，署学部右参议，充京师大学堂总监督。提升为典礼院学士，授山东宣慰使，督办山东全省团练。清帝退位，民国成立，柯劭忞仍为废帝溥仪侍讲，入值南书房，以遗老自居。

民国以后，受命为清史馆馆长，兼《清史稿》总裁，总纂《清史稿》长达十四年，总阅全稿。其间又利用明清有关元史研究的新成果，再吸收西方有关元史之资料和书籍，对元史进行系统的研究，耗费多年心力，撰成《新元史》二百五十七卷。

---

[1] 见尉天骢《傲然卓立旧王孙——回忆毓老》，原载《万象》月刊（辽宁教育出版社，二〇一一年十一月），一三〇页。
[2] 相关此事，亦可见张典婉《那个时代——父亲与我的岁月》："不过父亲（张汉文，康有为万木草堂最后一位入门弟子）每隔一些时日，会带母亲与我全家北上，拜访师母；即是康有为第二任妻子康梁随觉，这位广东老太太，缠足梳包头，也是康家唯一带着子孙在台湾的后人，父亲对她极为恭敬，她多由孙子康保延照顾，也因着这份机缘，我在二十多岁时还有机会，遇见康有为最小的女儿康同环，从澳洲回台北探亲。"（原文收录于苗栗县文化局出版《张汉文纪念文集》）

民国八年徐世昌任大总统时,下令将《新元史》列为正史,改"二十四史"为"二十五史"。日本东京帝国大学授予柯劭忞名誉文学博士学位。柯氏又钻研"穀梁学",著有《春秋穀梁传注》,毓老师为当代公羊学大师,曾受教于柯氏,必然在今文经上曾受柯氏的拨点。

八、叶玉麟

叶玉麟,字浦荪,桐城人,受业于同县马其昶(桐城派散文家,民国后为清史馆总纂),为高第弟子。精于古文,又工绘事,长居上海,早年与郑孝胥相交,极称赏于郑氏,郑氏以女妻之。著有《白话译解庄子》《白话译解道德经》《白话荀子读本》等。

毓老师之所以拜入叶玉麟门下,当与郑孝胥之推荐有关。

九、外国老师:庄士敦与宇野哲人

庄士敦(Reginald Fleming Johnston, 1874—1938),英国苏格兰爱丁堡人,毕业于爱丁堡大学及牛津大学(硕士),早年在英国殖民的香港政府任职,一九〇六年被派往山东的英国租界地威海卫。一九一九年入宫教授溥仪西洋知识:英语(《英语读本》《爱丽丝漫游奇境记》《英译四书》)、世界政体国情、史地知识(主要以外国画报为教材),溥仪封赐"毓庆宫行走""赏坐二人肩舆""赐头品顶戴""赏穿带嗉貂褂"。一九二七年任英国驻威海卫总督;一九三〇年十月威海卫归还中国,庄士敦返回英国,担任伦敦大学教授。一九三八年逝于爱丁堡,享寿六十四岁。庄士敦于一九三四年将在北京紫禁城与溥仪的相处点滴写成《紫禁城的黄昏》(Twilight in the Forbidden City),在伦敦出版。

毓老师曾说:"宫里的滋味,现在回想起来还是怀念,当时来宫里上课的庄士敦,就是爱吃宫里的点心。""治大国如烹小鲜。小鲜,就是小鱼。烹,用热气让食物熟透,却不烂坏,不是煮也不是炸,不能有半点骄气。御膳房'烹'出来的食物,到嘴里没有硬度!现在百分之八十都没那味儿,像样而已。"毓老师又曾向外国学生说过,庄士敦请他吃西餐的往事(事见《洋学生》一章)。亦曾在上课时感叹说:"清亡国之后,各国都想伸魔掌,庄士敦给英国做内奸;日本先造就汉奸,郑孝胥的小儿不就给捧得进东京帝大教书吗?"

宇野哲人(Uno Tetsuto, 1875–1974),号澄江,日本熊本县人。一九○○年,东京帝国大学毕业后,历任东京高师以及东京文理大学教授。一九三一年,出任东京帝国大学文学部部长。一九二九年,曾到中国研究两年,然后赴德留学。一九三九年,应聘为北京大学名誉教授。此后经常赴北大讲学。一九四六年,出任日本东方文化学院院长。后又创立东方学会,现仍由其嫡嗣宇野精一所主持,以研究东方文化为主体。

据马康庄学长记录,毓老师留学日本最初是进到"东宫御学问所",当时东宫御学问所的总裁(院长)即指挥日俄海战的海军元帅东乡平八郎。毓老师进东宫御学问所时,东乡元帅已经七十多(一九三四年过世,享寿八十七岁),毓老师说他年纪大了,耳朵的毛都长到外面。上课之前,东乡元帅一定要他们练呼气。根据资料,当时东宫御学问所的师资还有白鸟库吉等人,且裕仁皇太子(昭和天皇)当时也在东宫御学问所就读（1914–1921），因此毓老师和昭和天皇应是同学。至于毓老师和师母后来一起在学习院就读，可能是第二次赴日进修，曾受教宇野哲人。之所以在上课特别提及，是因为上课说到《尚书·大禹谟》："人心惟危，道心惟微，惟精惟一，允执厥中。"毓老师特别说："我的老师宇野哲人，儿子叫做宇野精一，人必得下精一的功夫，没有下精一功夫，中道就断了。"

十、（私淑）熊十力

熊十力（1885–1968），原名继智、升恒、定中，后改名十力，号子真。湖北黄冈人。熊十力出生在湖北黄州黄冈农家，幼时为人牧牛。年幼时，父母相继病亡，曾读半年乡塾。一九〇五年，熊十力考入湖北新军特别学堂，因曾在军界图谋革命举事，遂被鄂军首领张彪通缉，幸为友人掩护，秘密出逃。"武昌起义"后，曾任湖北都督府参谋。民国元年，参与编辑"日知会志"。二次革命失败后，曾去江西德安教书。一九一七年间，曾参与孙中山领导的护法运动。后慨然弃政向学，以探讨人生的本质、增进国民的道德为己任。一九一九年前后，执教于天津南开中学，不久结识梁漱溟。一九二二年在南京从欧阳竟无学佛教唯识学，并和柳诒徵、汤用彤等人交游。后受聘为北京大学特约讲师。一九二八年在国立中央大学（南京大学）讲学。逐渐离开佛教唯识学，形成自己的一套观点。抗战时期，熊十力入川，继续著述讲学。抗战末期出版的《新唯识论》语体文本和《读经示要》是思想成熟、体系完成的标志。一九四九年后，继续被聘为北京大学教授。"文革"开始之后，熊十力受尽折磨，不断给中央领导写信抗议"文革"。一九六八年患肺炎，病逝于上海，享寿八十四岁。

熊十力面对西学冲击，在传统学问价值系统崩坏的时代，试图重建儒学之体系与信心。熊的三大弟子（牟宗三、唐君毅、徐复观）于二十世纪末在香港、台湾、东南亚等地区的新儒家风潮有其领导作用。熊十力被视为新儒家的实际开山人物。

毓老师对熊先生的学问极为心折，上课时经常叮咛学生读《读经示要》《原儒》《乾坤衍》等书，说熊先生是"满清末年，少数能从经书本身来重建中国文化的人，就连张文襄公（之洞）都说'中学为体，西学为用'，就已经是对中国文化失去信心了"。毓老师回忆开始看熊先生的书是在二战结束后，民国三十四年（1945），八年抗日战争成功，审查"满洲国"战犯，枪毙了许多汉奸，太师母急了，怕自己儿子是汉奸。毓老师为了让母亲心安，特地搬到姊姊家去，毓老师笑说："母亲英名一世，糊涂一时，若我是汉奸，他们能不是吗？"最后宣判不是汉奸，老蒋不信，又怕让共产党弄去可不得了，于是让毓老师到南京去，到了南京，等重审，等死。为了消遣时光，开始读熊十力的书[1]。

---

[1] 毓老师到南京之后，上课时说："到南京就得离开老婆！我是一天都离不开老婆！因为满人习惯，父母在，老婆必须侍奉公婆！——皇族结婚一次，要三个老婆。皇帝，东西宫先入宫，再娶皇后。王爷，娶一个福晋，可以再纳两个侧福晋。单我们家三代不纳妾。"最终宣判毓老师不是汉奸，老蒋就让说："您老愿意做国代、立委或监察委员吗？"毓老师一概拒绝。后来严家淦到南京，住的就是毓老师先前住过的地方。当时在南京，通货膨胀，毓老师说："一碗面多少钱？你们知道多少钱吗？上亿！听懂没听懂？！当时在南京，大家得拿黄金换金圆券，我也被授命要去换。于右任也去换，他是穷人，只是做做样子！小蒋在上海打老虎，结果打到他老娘的兄弟身上！蒋介石时代，就是私，害了中国！"

毓老师上课常说："读书是为了明理，做人有做人的道理，修身有修身的道理。冷静读经文原文，旁以熊十力先生的提示，必得以经解经，不以历代诸儒注解为参。学问不是照讲照抄，而是接力赛，一棒接一棒，熊老夫子是第一棒，我接第二棒，你们接第三棒，这样做是为了追求学术的生命。"

十一、总 说

毓老师曾言及幼时入宫陪读，但查考溥仪《我的前半生》，里头提到他九岁时宫廷为促进学业，特地配上伴读学生，汉文陪读是溥杰、毓崇（溥伦之子），英文伴读则是溥佳（庄士敦《紫禁城的黄昏》与《溥杰回忆录》等书，记载皆同）。因此毓老师的学生有人认为毓崇很可能就是毓老师的原名（因为溥佳是溥字辈，比毓老师大一辈，因此绝无可能），但此说若成立，则毓老师反成为溥伦之子，查考溥伦资料（1874—1927），为镶红旗（毓老师为正红旗），是道光皇帝嗣曾孙隐志郡王奕纬之嗣孙，贝子载治的第四子，光绪七年（1881）袭贝子；光绪二十年（1894），加贝勒衔。除非毓老师是后来过继给礼亲王，不然毓崇和毓老师为同一人的可能性，极低。加上曾有学生问毓老师，为何溥仪自传并没有提到毓老，毓老师曾回答："可能有所顾忌。"（因为毓老师从事"满洲国"情报工作。）又问陪读之事，毓老师说："当时陪读的人很多。"

再有一种可能性，即是毓老师陪读的时间并不长，因此宫里的老师们（满文教师伊克坦，汉文教师陆润庠、徐坊、朱益藩、陈宝琛、梁鼎芬，英文教师庄士敦），毓老师只说自己是陈宝琛和庄士敦的学生。而另外一种可能性，则是伴读的地点不在紫禁城,而是在溥仪曾住过的天津张园和静园,当时为溥仪侍讲的就有郑孝胥(讲《资治通鉴》)、陈宝琛等人。毓老师又曾于上课时说过:"当时在家里教书的,有些也在北大、清华教书。"可见礼亲王府曾礼聘名士在家授课(溥仪自传中即说溥杰和溥佳家中有请家教之事),这些名士说的极有可能就是王国维、梁启超等人。毓老师又曾说过:"到东北,谁先拜师,谁先成师兄。"指的就是向罗振玉拜师之事。

毓老师虽然师承多人,但从他的讲学内容看来,影响最大的还是太师母的庭训、康有为的今文经学和熊十力的新儒学内涵。太师母教导他默诵涵泳"四书五经"经文;康有为的今文经学启发毓老师日后授课特重微言大义、经世致用之学,以及坚持口述讲经的书院传统;熊十力对中国学术的精研,以及在一片西化浪潮之下挺立对中国文化的信心与力量,启发了毓老师的中华文化复兴与重建的责任感。除此之外,毓老师因出身皇族,俯仰于政治潮流之中,尤其着重如何将学问"用诸事上",因此他总是将中国学术融入现实之中,衡诸古今,月旦人物,强调经世济民、治世、平天下的重要性,让中国学问变成活活泼泼的智慧,绝不只是单纯的学术论文而已。

毓老师曾说:"不可掠人之美,必得尊师重道,最自私的人,才成功在我,一个人的成就,在于利他。"尊师重道,大公无私,恰恰就是毓老师承上而启下的师承与开创之处。

毓老师创办的书院

毓老师,原名爱新觉罗·金成,因宣统皇帝赐名毓鋆之故,友朋、门生、晚辈多以"毓老"尊称之(自二十岁起,人即以此称之)。毓老师初至台湾时,身份证姓名登录为"刘柱林",系于"满洲国"期间,从事地下抗日活动,被日军搜捕,逃入刘柱林先生住处,刘先生一看神色,心知为抗日志士,二话不问,马上脱下一袭单薄蓝长袍,让老师乔装成一般百姓,同时递给他身份证,最后顺利躲过盘查与搜捕。毓老师以刘先生有再生之恩,故之后一直沿用刘先生之身份证,以纪念这段恩情。毓老师上课时曾说:"如果当时被日军捕获,发现满洲贵族反日,将会惹出极大事件。"毓老师为感念刘柱林救命之恩,终身不将身份证名字改回原名,并随身携带此件蓝色长袍。两岸开放后,更找到刘氏后人,嘱咐学生将来必要好好善待之。其念旧怀恩之情若此。毓老师临终前四五年，即特别交代义子张景兴（以下简称张哥），成殓时必须将旧时蓝色长袍穿在身上。义子遵奉师言，入殓时为着旧时刘氏相赠蓝色长袍，一起火化，足见毓老师怀德念恩，终生不渝。

依据毓老师的美国学生魏斐德于一九七〇年编录《无隐录——致敬刘毓鋆论文集》，序后有一整页毓老师的简单传记：

> 吾师姓爱新觉罗，名毓鋆，号安仁居士，清光绪领班军机大臣礼亲王世铎公之孙。幼承庭训，及长，师事太傅陈公宝琛、郑公孝胥、罗公振玉、柯公劭忞、王公国维、康公南海、梁公启超、叶公玉麟诸大师，攻经、史、子、集；英人教师庄士敦传西学。独学卅余年，以春秋公羊学之微言大义为用，以大易为归，贯彻群经，成《爱新氏八经微义》（《易》《书》《诗》《礼记》《公羊春秋》《论》《孟》《孝经》），并著《新清史》《受想行识集》（记乙酉以前事）及《无受想行识集》（记乙酉以后事）等稿。民国三十七年（1948）一月来台，隐于乡，以读书自娱。褐衣布履，喜与村老游，知与不知，咸以老公公呼之而不名。先生善书画，有求必与。自一九五八年十月开始指导外国基金会留华学生博士论文，迄今已十有一年，共四十一位，其通过博士学位者二十余人，均执教于各大学（计美三十三、德二、日二、英二、加一、越南一）。

这篇传略透露几件重要讯息，一是毓老师的身世，二是师承，三是学问概略，四是著作，五是来台后生活，六是指导外国学生。

依此传略看来,毓老师是民国三十七年一月来台(毓老师自己则说民国三十六年底[1]),起因当时国共内战,国民党势力节节败退,蒋中正有计划转移黄金、国宝及人才,毓老师亦在名单之列。来台之初,先到台东[2],担任台湾省立台东农校(原名"台东厅立农业补习学校",一九二八年日据时代创立)教务主任,当时校长为陈耕元(立法委员陈莹的祖父),该校有一学生后来为"中华民国"夺得第一面奥运银牌,杨传广,即毓老师的学生。毓老师为拉近与原住民关系,融入当地社会,曾穿着卑南族传统服饰、戴头圈、配短刀、绑布带、身穿深色衣、腿扎卑南图纹裤管,意态从容自得,此种亲近作风在早期尚属罕见。

在台东六年,毓老师走遍各乡村,兰屿和绿岛都去了。六年期间,没见过薪水包,薪水一下来,就买白油、猪油加工,油渣子煮甘薯叶,就这样过年。毓老师曾回忆说:"日子过得比阳明洞(王阳明谪为龙场驿丞,居此洞三年)还苦,十个字就够山地学生学半个月了!"

---

[1] 毓老师曾说:"三十六年(1947)到台东,一片荒芜,当时学生,国语不会说,文字不会看。我是台湾讲经第一人!"
[2] 毓老师之所以会到台东,与台东人南志信有关。南志信,卑南族人,一八八六年生,一九〇九年毕业于台湾总督府医学专门学校(台大医学院前身),为台湾原住民首位受正式西式训练的医生。一九四六年,台湾光复后隔一年,六十岁的南志信获得台湾省临时参议会的推选,成为中华民国制宪国民大会的台湾代表,前往南京开会。毓老师当时是满洲代表,两人于南京相识。毓老师到了台湾,接受南志信之邀到台东教书。后来南志信担任省府委员,毓老师也曾是他的秘书,曾一起兴办过台湾第一届"民选县长"。

毓老师于一九五四年回到台北[1]，一九五八年十月开始指导外国留学博士生，一九六七年至文化大学哲学系任教，隔年担任半学期哲学系系主任，一九六八年八月在辅大哲学研究所上课，一九七〇年再到政大哲学系教课。

据毓老师义子张哥回忆，一九六八年，他就读高中，十七岁，经人介绍拜入毓老师家中住读，从此陪侍毓老师四十余年。当时老师家住内湖洲美（旧称洲尾），两层楼公寓，外国学生都来家里上课。洲美和松山之间隔着一条基隆河，往来若经由上游或下游的吊桥必须花费四五十分钟，因此民间有划船运输以利渡河，每回索价一至两毛钱，毓老师常和张哥坐船至对岸松山，因为在松山的馆子包月饭之故。

不久，毓老师迁居台北市四维路，赁居丁姓将军家，为一处日式三合院，住了一年。然后又搬迁至成功新村，向一立法委员租赁，房子较大，前庭有假山水造景，房子分前后两栋，前栋是一户平房，后栋有两层楼，一楼是毓老师住处，有会客室、卧室及盥洗室，二楼则全部提供给学生居住。一九七一年，因缘成熟，就在成功新村住所，办起书院，毓老师为之取名"天德黉舍"，除了原有的外国学生之外，开始广招中国台湾、日本与韩国学生。

书院之所以命名为"天德黉舍"，取意"上天有好生之德"。先说"黉舍"，原是极古雅的词语，原意校舍，后借指学

---

[1] 一九四九年，老蒋撤退台湾，到了一九五四年，忽想起毓老师，便让迁回台北，说："没事少离开台北！"形同软禁，一直到李登辉时代。这一年恰好是朝鲜战争结束，毓老师曾说："朝鲜战争历史，今日难断是非，这一段一段，都有无尽的辛酸！"这一天是一九五四年一月二十三日，也是毓老师开始讲学的纪念日。解严后，毓老师头一件事就是回台东去，当初学生都变成老阿嬷，带孙子来，问："孙子叫老师要叫什么呢？"

校，《宋书·臧焘、徐广、傅隆传》赞："艺重当时，所居一旦成市，黉舍暂启，著录或至万人。"或《北史·儒林传》序："衣儒者之服，挟先王之道，开黉舍，延学徒者，比肩。"毓老师开办"黉舍"与古意相吻合，一方面是学校，另一方面也提供学生住宿之处，当做校舍。取意"上天有好生之德"，肇因于民国三十四年（1945）前后，日本投降，撤离中国，"满洲国"覆灭，国民党、共产党两股势力开始夺取东北主控权，吉林省辖下的四平市，北靠长春、南临沈阳，铁路公路四通八达，是东北地区重要交通枢纽，更是兵家必争之地。国共双方军队从一九四五至一九四八年在此共展开四次大战役，先后投入兵力约四十余万，进行歼灭争城战，造成许多军士阵亡。毓老师此时恰好人在四平，一整晚枪炮声终于停歇，清晨时想外出查看战况，移开门闩，门却推不开，用尽全力一推，终于推开一点缝隙，这才发现，门外尸体卡住了门。再勉强推开门缝，挣出身子出来，抬眼一看，不由得倒抽一口气，马路上层层叠叠都是死尸，空气中弥漫血腥味，像刚宰过的猪散发出来的血腥味。毓老师为了出门搜集情报，不得不踩在死尸上一路向前，心里却想着："上天有好生之德，人类不应该有战争啊！"

　　后来黉舍又迁移到新店宝元路，独栋一层楼，就在客厅上课。不久，又迁移到辛亥路与罗斯福路口（今耕莘文教院旁的停车场）一处大平房。一九七九年，美国与台湾当局"断交"，又迁至温州街现址，当时老师养了两条狐狸狗，一条叫阿美，一条叫阿苏，借以嘲弄美、苏两强权。一九七九年后，也影响美国博士生来台，当时台大哲学系有一学生，龙静国，经常利用下课时间，在台大校园宣传毓老师上课风采、情状与学问，获得极大回响。黉舍巅峰时间，曾有二百五十人挤在小小地下室内上课，每人仅坐一小圆铁板凳，手拿一块小硬木板以利做笔记，肩靠着肩，脚倚着前排同学的背，拥挤异常，热汗直流，却屏气凝神安静听课，乐此不疲。

台湾解严之后（1987），毓老师将"天德黉舍"改名"奉元书院"，取意《易经·文言》："元者，善之长也。"毓老师认为人必须止于一，止于至善——止于一，就是正，天得一以清，地得一以宁，诸侯得一以为正。止于至善——就是止于元，元者，善之长。所以一是元之用，元是一之体。

奉元书院墙上还挂着"天德黉舍"旧课表，课表上写着周一至周六晚上七点至九点皆有课，周一上"四子书"，周二上"大易"，周三上"诗书礼"，周四上"大易"，周五上"春秋"，周六上"子书"（子书包含《老子》《庄子》《荀子》《韩非子》《孙子》《管子》等先秦诸子，并涉及《资治通鉴》及《人物志》）。当时还有选课规定，必须先选修"四书"一年，然后才能选读其他课程。而进书院读书必须有人介绍，经同意后才可听讲，听讲后不久还必须写一篇自传，让毓老师看。

毓老师日后想办一所规模更大的"华夏学苑"，曾为作一苑训："学由不迁怒不贰过臻圣王至德；苑育仁者相帝者师履一平要道。"上联指明学生为学之入门处及高远目标，亦暗指书院所传授之学为内圣外王功夫；下联则指书院所要栽培的学生，是可以实践止于一止于至善的仁相帝师，暗指毓老师所传授的全是帝王之学。由此便可见毓老师办学之大气魄、大气象、大格局所在。因此毓老师亦尝撰数联语，如"以夏学奥质，寻拯世真文"，即是要以中国学问作为治世拯世的良方；"看破世情惊破胆，万般不与政事同"，即说明政治翻云覆雨，捉摸不定，但却也可以用之来除患向善，当然也可以亡身自毙，得无戒慎恐惧乎；又如"长白又一村，逊国花甲祭"，长白山即清朝龙兴之地，又一村则指山重水复疑无路，柳暗花明来到台湾，毓老师在花甲之年领悟到不再以"复国"的民族主义局限自己，而是以发扬中国天下文化的奥质，当做自己安身立命之所在。

毓老师的字号与其一生志向相互呼应，后来亦与书院颇有关联。四十岁时自号"安仁居士"（仁者安仁），母亲希望他改为"慰苍"（慰抚苍生）；七十岁自号"仁匃遁者"，八十岁时自号"明不息翁"，九十岁自号"奉元老人"，一百岁时自号"仁匃遁叟"。

七十岁自号"仁匃遁者"与一百岁自号"仁匃遁叟"，仅有一字之别，"匃"即是"丐"，求也；"遁"，隐居也。"仁匃"即"为仁而匃"，为天下人而匃，因此得智周万物，道济天下。毓老师一生谨守《易经·乾卦》初九，爻辞为"潜龙勿用"。孔子解释为："龙德而隐者，不易乎世，不成乎名，遁世而无闷，不见是而无闷，乐则行之，忧则违之，确乎其不可拔，潜龙也。"——毓老师大隐隐于市，讲学论道，六十年坚守，正是潜龙之德。——此即遁世而无闷之"仁匃遁叟"。

八十岁自号"明不息翁"，典出《易经》明夷卦六四"箕子之明夷，利贞"，《象传》解释为"箕子之贞，明不可息也"。"明夷"就是火（明）入地中，象征世局昏暗，贤者不能用，宜坚贞自守。箕子，是商朝宗室，官太师，封于箕，曾劝谏纣王（箕子之侄子），不听，反将他囚禁。以箕子为例，说明君子之灵明仁德似火而不曾停息，而天地之光明也只会遭掩盖一时，终究重照人间。毓老师即以灵明仁德似火不息，自居自励。

九十岁自号"奉元老人"，则和书院"天德黉舍"改名"奉元书院"同一意思,要奉"元"(善之长,止于至善)也。

奉元书院,一直正式开课至二〇〇八年,毓老师以一百零三岁高龄犹登坛讲授,在台讲学长达六十余年[1],这一则惊人传奇,前无所闻,恐怕亦后无来者了。

这是毓老师一生坚贞的生命力使然,也是中国学术的生命力使然,毓老师用坚贞的生命力展现中国学术的博大宽广与厚实深潜,中国学术则以经典滋润了毓老师,写下一则现代大师与书院的传奇。

---

[1] 毓老师曾说:"刚来台湾时,想要建设台湾为中国文化的新生地。"
又说:"老师比任何和尚发心还苦,在此坐了六十年!"
"做梦也没想到住台湾六十年!不知道明天还能不能活,活着是天命!"
"中国学问就懂得度灾难,老师就在屋里坐了六十年!"
又说:"真想回家,但回家后一定想台湾!"

毓老师教的海外汉学家

二〇〇六年，毓老师百岁寿辰，曾受教于毓老师门下的外国学生特地制作了一张大贺卡送给老师。贺卡背景是浮水印楷体木刻字，采录《论语·述而篇》"二三子以我为隐乎？吾无隐乎尔。吾无行而不与二三子者，是丘也"。外国学生选录这段文字，其实是为了呼应一份久而弥笃的师生情谊，以及一本四十年前的论文集集名。贺卡最上头写着"美国同学庆祝毓老壹伯岁照相集"。（毓老师后来曾开玩笑地向学生提及此事，夏含夷进呈此贺卡时，毓老师看到"壹伯岁"时就指出"伯"字写错了，夏含夷说："老师，我带回去修改。"老师自嘲地笑说："不用，就让大家看我教出来的洋学生有多糊涂。"）紧接其下则是毓老师盛装端坐在自书大对联"以夏学奥质，寻拯世真文"前的照片，下方则是美国学生的照片与简历。分别为：

席文（Nathan Sivin，宾夕法尼亚大学教授，1961〔入门时间，下同〕）

孟旦（Donald Munro，密歇根大学教授，1961—1962）

罗幕士（Moss Roberts，纽约大学教授，1963—1964）

黄宗智（Philip C. Huang，洛杉矶加州大学教授，1965—1966）

欧达伟（David Arkush，爱荷华大学教授，1968—1969）

邓尔麟（Jerry Dennerline，阿姆斯特大学教授，1968—1970）

包弼德（Peter K. Bol，哈佛大学教授，1972—1975）

班大为（David Pankenier，理海大学教授，1975—1977）

夏含夷（Edward Shaughnessy，芝加哥大学教授，1975—1977）

甘幕白（James Kemp，1976）

伊罗（Robert Eno，印第安纳大学教授，1977—1979）

这些美国汉学家，皆为赫赫有名的学者，后来也多荣任该校之荣誉教授。而他们，全都是毓老师的学生。

毓老师之所以开始教授外国学生，据许仁图《二十四个晚上》所载，他亲耳听毓老师说是一九五二年底，从美国回台的"总统府资政"胡适到台东寻其父胡铁花的故居（"台东县政府"为感念胡铁花曾在清末代理过台东直隶州知州，特将台东旧站前马路命名为铁花路，此一发想即毓老师所提供）。当时毓老师正在台东农校担任教务主任，因缘际会得以和胡适见面。曾担任过驻美大使（1938—1942）、普林斯顿大学葛思德东方图书馆馆长（1950—1952）的胡适有许多外国朋友，这些外国学者想进一步了解中国文化。胡适与毓老师相谈甚欢，特别商请毓老师日后若有机会帮忙教导外国学生。一九五七年胡适从美国回到台湾担任"中央研究院"院长。毓老师则早三年（1954）从台东回到台北，但真正指导外国学生却是一九五八年十月，也就是胡适回台之后。当时来台湾的外国留学生，多为教授或博士生研究生，取得外国研究单位的奖学金来台进修,这些洋教授洋学生也曾到过各大学去听课,似乎都不太满意,辗转经由介绍最后拜入毓老师门下。

关于早期洋学生拜入毓老师门下的情况,魏斐德在一九七〇年时曾有一篇非常生动的文章加以描述:

> 我第一次会晤刘老师(毓老师身份证上的名字是"刘柱林",故有学生亦称"刘老师"——作者注)是在夏末的台北,一个典型闷湿的日子。当时刘老师被称为"满洲人"或是"王爷"。我的朋友罗幕士(Moss Roberts,毓老师早期洋学生,后任纽约大学教授——作者注)将我从沉闷的中文会话课程中短暂地解救出来,我们就像翘课的学生,踩着脚踏车穿越市区,就为了能见上罗幕士多次赞扬的刘老师一面。会面前,我也从别处听说过刘老师。普遍的印象认为他是一位脾气古怪的满洲皇族,也是曾任职于溥仪"满洲国"的清朝遗老,现在则僻隐民间,传授外籍学生中华经典。如果我曾预期当天的会面如云彩般动人夺目,那我绝对没有失望!吞吐着一杆长长的镶着碧玉的竹烟杆,坐在书桌后的刘老师让我在恍惚之间,认为自己就像被传召觐见乾隆皇帝的马戛尔尼(英国政府出使中国的首任特使——作者注)。先前那种面试中文家教的错觉瞬间烟消云散,眼前这位绅士绝非寻常的语文家教,盼望着学费得以维生。相反地,直觉告诉我是刘老师在对我进行面试,试探评估着我是否够资格成为他的门下受业。然而,师生情谊一旦确立,任何一方皆无法轻易摆脱。想到往后不

能再逃课，着实让我紧张了一会儿。我也想到以后我又该如何回报所学，以及如何在繁重的博士论文撰写中规划出时间，好好地咀嚼《孟子》。

正当我站在那里为这些难题困扰时，刘老师用他那浓重的东北腔提醒了我，在正式成为他门下子弟前还必须至少苦练中文会话三个月。他还要求我于秋末或冬初之际再来见他，到时他自会评断我是否有足够的资格展开中华经典的学习，也好为我做些安排。

也许正是这种与众不同，极为冷傲的教学方式俘虏了我。因此，当冬天来到，虽然有些不笃定，但我已随着刘老师的脚步展开超过两年的学习。刘老师选择以《孝经》作为课程的开始，他很耐心地让我慢慢适应他的古式讲学，等我慢慢得心应手后，他便加快讲学速度。很快地，我们已经读遍"四书"的每一部。时光流逝，我学习的时间也随之增加，甚至一周花上整整五天的时间向刘老师学习。炎夏再次来到（刘老师也换上稍稍褪色的轻薄丝绸衣裳），高温使我越来越难集中精神，清楚地掌握《孟子》的思辨成了一门吃力的功课。当时，我原先计划前往日本进行下一梯次的研习，但这阶段的我对于表面上与中国社会史没有关系的当代社会现象，已经看出更深一层的意义。所以，我说服了纽约的奖学金办公室让我继续留在台北，我和刘老师的课程也从《孟子》转到优雅却令人感到迷惑的《道德经》。

我决心延长在台北的停留时间，以及后来再度跟随刘老师研习《易经》和《春秋公羊传》的原因已不再单纯着眼于"学习"中国古经籍里的文章结构或文法，而是进一步吸收孔子学说里作为精华的哲学内涵。幸亏有了刘老师独树一格的教学,这对我来说近乎不可能的任务才得以完成。当我回顾一切,我发现老师教学有三个特色。第一,教学的语言。老师会先运用带有抑扬顿挫的声调,将句子原汁原味地念出来,然后再巧妙地以通用词语逐字阐释。借由此方法便能将原先艰涩的古文,转化为典雅的口语。虽然没有极为精准的翻译,却在老师的解析下为文章注入了更加丰富的生命及内涵。第二个特点,刘老师的教学可能会激怒一群在研究所里,教导我古典中文的学者。完全不理会汉学思想家在文献上的发现和阐释,刘老师全凭借着自己对以往所受教育的记忆以及理解来教授中国经典,在教学的时候他也会摘取某一篇章的一个段落。对另一文章加以解释。刚开始这让我很难接受。(又有多少人能够用《大学》里的一段话解释《易经》?)但渐渐地我就明白,这样解经的方式对于刘老师来说是极为重要而毋庸置疑的,因为任何一句经典里的话语都是与整体学说相连的一部分,既然是自承一脉,经文互证自然是合情合理的。这样的思维也反映在第三个特色上——刘老师坚信,经典里的教诲仍旧可以作为当今社会的道德准则以及鉴镜。

疑古运动和一九三〇年代科学与玄学的论战,对刘老师似乎没有任何影响,然而我却发现,当我们争辩于某些细微的观点时,他却不仅能引用柏拉图来反驳王弼的论点,也能很清楚地掌握某些特定章节的争议和真实性。即便如此,刘老师仍坚决主张学说的连贯性,而我对此的观点也逐渐随着时间改变。刘老师不再是一个活化石,一个存在于今日的奇迹,单纯地期盼我们学生能明了一个教育者所坚信的理念,相反地,我认为在此时,他开始有意地展现出后孔圣时代的另一风貌。

举例来说,刘老师是个半虔诚的佛教徒,他和台湾的佛教支派保持密切来往,也参加重大祭典,并常以素食餐点招待学生。在政治上蒙羞使他转变为一个遗世而独立,重视灵修——每天早上静坐,且钻研佛经的隐士,正因如此,刘老师对于林蔼士等研究佛学的学者来说,也是不可多得的良师。当世的挫折也助于理解他对以康有为为首的今文儒家学派的全心投入。这般对学术的执着,对于老师的教学生涯也有着极大的影响。一些讲学中曾被程、朱驳斥为危险而过于自我的论点,曾使我不禁怀疑自己是个异端学派的门徒。但正是在这些论点下,"君子"不再被单纯地定义为一个有修养的绅士,由此观点出发才能更完善地理解掌握《公羊传》中,极力宣扬的"张三世",这个乌托邦式的理念。这种稍具神秘的教学气氛使我们学生和刘老师之间的情谊更加深厚。当然,如此的相处模式既非传统的中式,也不属于典型的西式,让我很怀疑是否有人相信,刘老师把我们这些外国弟子视为正统的中式传人。事实上,我们的外籍身份对他来说是别具特殊意义且重要的。身为"五四运动"的贬抑者以及二十世纪动荡政局中的失意者,老师似乎希冀我们这些外国弟子能传承这个让他悲恸不已,正在逐渐凋零的中国人文传统。而他之所以选择外国弟子,恐怕正反映了这个传统的流失已巨大到令人担忧的地步。

写这篇文章，让我沉浸在那段愉悦的往事中，跟随老师学习的情景仿佛仍历历在目。虽然这样缅怀过去的确让我心中多了些愁绪，但一想到刘老师仍健在，且持续教导新进弟子，传授他们更多学术道路上的领悟和心得，这一切都令我深感欣喜！刘老师除了是一位良师，更是一位益友，深深为本书各卷作者所景仰。这也印证了我第一次会晤老师时，内心暗自的预言。本书虽不是以纯粹重现奠基者流派的方式呈现，但也稍微减轻了我们的歉疚。至少，我们这群幸运的学生，想借此表达曾受业于一位大师门下，内心由衷的感谢。虽然我们和刘老师来自不同文化背景，不同时代，但他还是达到了《论语》中"吾无隐乎尔"的教学境界。

这篇文章收录于《无隐录——致敬刘毓鋆论文集》，里头非常生动而精准地描述魏斐德与毓老师第一次会面的情景。当时毓老师如何以其昂然尊贵的气质反宾为主地收授学生，以及魏斐德后来如何欲罢不能地持续想在毓老师门下学习的感受与实况，后来又如何想尽办法要继续留在台湾只为了多向毓老师学习更多的学问。魏斐德以其学术素养为毓老师的教学方式与内涵，归纳出三个重要特色：活泼经文、以经解经、生命学问。最后又从学术史的角度，指出毓老师的学问路数——公羊学派，半虔诚佛教徒，"五四运动"贬抑者，还有传奇的政治历练（政局的失意者），似乎看似异端学派，实际上却是最正统的人文教育传统。——这些全部加总起来，遂造就出他与毓老师之间超乎寻常（毫不区分中外、古今、虚实、隐现）的师生情谊。

魏斐德编录《无隐录——致敬刘毓鋆论文集》，一九七〇年出版，是一本论文合集，全部由毓老师的外国学生执笔撰写。当时还未流行用论文合集向某位教授致敬或祝寿，外国学生早开风气之先为毓老师编撰了这本致敬论文集。这本书序之后有一篇小文章是关于毓老师的简传，提到："自一九五八年十月开始指导外国基金会留华学生博士论文，迄今已十有一年，共四十一位，其通过博士学位者二十余人，均执教于各大学（计美三十三、德二、日二、英二、加一、越南一）。"可见从一九五八年到一九七〇年，十一年多的时间，毓老师已经教导了六个国家共四十一位外国学生，这些学生后来大多任教于世界各地的重要大学。

这本论文集，共有十篇论文，都是外国学生各自研究领域的研究成果，并非专门研究毓老师本人的学问。不过，比较特殊的是，每篇论文之前，都有作者简介，特别介绍撰者与毓老师的关系，这些介绍恰好是如今了解毓老师与早期外国学生的重要资料。

如第一篇论文《罗振玉参访殷墟》（*Lo Chen-yu Visits the Waste of Yin*）的作者理查德·C.鲁道夫（Richard C. Rudolph），"是美国加州大学洛杉矶分校东方语言学的教授"。编撰论文集的魏斐德特别提及"已经在大学教书，又写有多本学术著作的鲁道夫教授，虽然在刘老师指导下研读了一些宋朝文本，但他可说是刘老师的朋友而非学生"。

又如第二篇论文《〈春秋经〉以及〈公羊传〉对于鲁隐公的统治的双重评价》（*Double Judgments in the Spring and Autumn, Kung Yang : The Reign of Duke Yin*）的作者罗幕士（Moss Roberts），"是纽约大学中国文学系的助理教授"，"罗幕士曾在台跟随刘老师学习中华文化长达两年，大部分的时间专研周朝的哲学及历史，文献方面则着重参考'四书'《易经》以及

《春秋经》"。

第三篇论文《外丹窥管》（Chinese Alchemy as a Science）的作者内森·席文（Nathan Sivin），是"麻省理工学院科学史副教授"，"在哈佛大学钻研东方研究报告，并在台湾向刘先生学习，后来进入京都大学人文科学研究所进修，他的妻子卡罗尔·德尔摩·席文（Carole Delmore Sivin）也向刘先生学习，后来在剑桥成人教育中心教授艺术"。

第四篇论文《慧皎在〈高僧传〉中之"义解论"》（Hui-chiao's Critical Essay on the Exegetes of the Doctrine' in the Kao-Seng Chuan）的作者亚瑟·E.林克（Arthur E. Link），"现任英国哥伦比亚大学之宗教学教授。许多刘老师的学生无不渴望跟随其研读深奥的佛教经典论述，而林克教授做到了。简言之，倘若莫斯·罗伯茨（Moss Roberts）可被称为刘老师传授最多有关公羊传统思想的学者，那么亚瑟·林克即是那位最接近刘老师对佛教哲学方面深刻且持续之关注的人"。

又如第七篇论文《1800—1856广东的秘密社会》（The Secret Societies of Kwangtung, 1800—1856）的作者，"魏斐德（Frederic Wakeman）是加州柏克莱大学历史系副教授。他在一九六三到一九六四年间第一次跟着毓老师学习，当时他也是获得外国学生奖学金的研究生。一九六七到一九六八年间，魏斐德教授再度回到台湾，担任许多大学课程的负责人，那时他继续与毓老师学习，研读《易经》"。

再如第九篇论文《近代中国的人文主义：冯友兰以及熊十力》（Humanism in Modern China and Cultural Crisis: Fung Yu-lan and Hsiung Shih-li）的作者唐纳德·J.芒罗（Donald J. Munro），"哥伦比亚大学取得中文与日文研究的博士学位后，又花了三年,前往东方与毓老师学习中国哲学。现为密歇根大学助理教授"。

从《无隐录》这些作者简介看来,魏斐德认为最能直接继承毓老师学问的学生,是研究公羊学的莫斯·罗伯茨,以及佛学的亚瑟·林克。其余学生则是透过毓老师的教导进而深入认识与理解中国文化的内涵与博大。

当年曾在《无隐录》撰写论文的席文,接受笔者邮件访问(2011),回忆当时上课的情况——

"我大概是毓老师所收的第五个外国学生,当时老师并没有开班授课,所有会面都是个别进行。"

"我在一九六一年成为大学学际交流中心的研究员,到台湾待了将近一年,之后才被分配到康奈尔大学。在此之前,我早已听说毓老师偶尔会收学生,于是我和妻子卡罗尔设法每个礼拜和老师会面学习(毓老师每个礼拜来访一次,通常会和我们共进午餐)。学习过程中,毓老师会仔细地为我阐述今文派《庄子》,也教导我和我的妻子卡罗尔写书法。"

席文又回忆到关于授课的细节:"当时还没有人写关于今文派《庄子》的研究,但毓老师所教授今文派《庄子》的内容,正是一九一一年后他于皇家学堂所学到的内容。毓老师的教学启发了我一辈子对道教的兴趣,也对我日后三个讨论当代道教运动的研究有所影响,当然还包括了许多本书籍和专题文章。"

"至于书法,老师则建议我们由学习赵孟頫的风格入手。一九六三到一九六九年期间,我和妻子曾短暂回访台湾一次。当时老师告诉我既然我已经练习大楷多年,现在应该开始学习运用小楷写魏碑,但后来我一直没有找到真正善于小楷的老师,终究放弃了学习书法。"

最后席文是这样作结:"因为毓老师曾向康有为、罗振玉等杰出的学者学习,以及老师本身对学习极大的热忱,他也许就是中国最后一位能淋漓尽致例证传统教育的学者。"

也曾在《无隐录》撰写论文的孟旦,和席文是同一时期接受毓老师的教导,接受笔者邮件访问时也回忆到:"一九六〇年十二月,我来到了台湾。抵达台湾前我对这位老师一无所知,是另一位美籍学生帮我做了介绍。从第一次会面开始,我就知道我的兴趣和老师的教学将能成为完美而和谐的搭配。从一九六一到一九六二年的上半年,我和毓老就在连云街一个租来的日式房屋进行我们的课程,这是我毕业训练中最重要的一部分,影响了我后续所有的工作。我们阅读先秦儒家经典和一些同时期的背景资料,如《论语》《孟子》《道德经》《庄子》,还有上溯到商朝的经典原文,同时也讨论了原始文本和评论中的观点。毓老解释经典十分讲究文本证据,他是一个讲求严谨汉学证据的学者,我从他身上学到了准确的重要性。同时,他也探讨了自己想法中不同文本间的关联性,我从毓老身上所学到的一切是如此珍贵,他的教导方式深深渗透到我的脑海中,影响着我如何解释经典文本。他避免任何后期学派的明显思想,而是利用对先秦时代其他类似文本和词汇的渊博知识来解释一段文章或一个特定的词汇。我们一起研究那些文本,并考虑各种例子的背景,这样才能找出我们觉得(时常是老师先感觉到,我才跟着有同感)最适合的解释。当我请老师说说他解释经典文本的方法起源时,他说他避免了宋明的解说,因为那不但会使得后期文章的结构强加于我们所阅读的早期文本上,同时也忽略了早期文本的创作背景。我学到最重要的事就是将汉学与哲学做结合。这代表了,不论多么困难,文本优先而阐述与解释居次。理论的有效性取决于文本证据的数量和种类。到了一九六二年七月,我回到香港和唐君毅一起从事另一不同的研究,我和毓老的课程才告一段落。——我的桌子上一直保存着许多刘毓鋆的照片。我尊敬他并很感谢他所教我的。"

孟旦又回忆毓老师上课时曾提及的两件往事:"头一件是,毓老还小的时候总是想去北京动物园玩。当他年幼时,他向家里人要求去动物园玩。有一天,他终于被允许前往,并做了出游的打扮,准备前往那个在他心目中总是有很多快乐的大人和小孩儿聚集着观赏动物的乐园。但当他抵达动物园之后,大失所望,因为现场除了几位工人外,没有半个游客。整个动物园都因为小王子的到来而被特意净空,以保护他的安全。毓老非常失望。第二件是,毓老提到关于传统礼仪规范,是夜间上厕所的规矩。在夜里如厕他必须穿着特定的长袍、腰带,并系上特定的装饰品。这样麻烦的规矩,毓老常不遵守,但对于一些重要的规范他会谨慎做到。举例来说,我第一次见到毓老,他住在一条临近'中央研究院'的小河中的一个小岛上,一个老旧的房子。他迎接客人的方式十分具有儒家作风。在他的门上,汉字'清'被摆在最后,'满'字上下颠倒着,显示了王朝的没落。"

孟旦最后对毓老师作一简单评论:"毓老师除了拥有广博的学识,同时也具有良好的幽默感。他喜欢故事,也喜欢探讨故事中人物的品德,对各式思想有极大包容性。毓老认为自己是个儒家的追随者,同时也是个佛教徒。但他不认同佛教与道家对宋明新儒家的影响,因为他们并没有为道心、人心以及理的阐述提出足够的文本证据。"

包弼德是毓老师晚期极重要的学生,具有承先启后的关键地位,他受访时也回忆到:"一九七二年抵达台湾时,老实说我从未听过毓老或是魏斐德编撰的《无隐录》。当时，我乘坐火车从荷兰的莱顿出发，穿越西伯利亚，然后搭船至日本。到达日本时，我和席文同在京都待了几天。席文在聊天中向我提到了毓老，他用英语说，毓老是一位王子，并说日后如果他邀请我一起去向毓老学习，我无论如何都必须答应，不应有任何迟疑。""后来席文托我从日本带礼物给台北的王子——毓老，我记得其中一份礼物是一支用竹子做成的毛笔。当我在一月时抵达台北，我和一位同样来自荷兰莱顿的同学同住。其中有位同学包乐史（Leonard Blusse）提到，毓老师在教导外国学生，一星期上课一次，叫我应该跟他一起去上课。所以我就跟去上课了。——但是我的中文说得非常糟，因为在莱顿我们只上阅读课，没有教导中文会话的课程，因此我学到的中文会话并不多。——我们在夏天时停止在其他地方上的中文会话课程，在课程即将结束的一个早晨，我前往毓老师家并询问课程何时开始（我住的地方离卧龙街不远。上课地点为四维路，但公车站牌下车处为'卧龙街'）。毓老回答说：'你的中文进步了，明天早上十点来，并携带"四书"的抄本。'这时我便开始跟随毓老学习。我询问能不能带另一位室友前来，一位来自法国的女士，和我一起分担学费，得到老师的应允之后，接下来的几个月我们都一起学习。后来，又变成只剩我一个人，我总是在上午八时抵达，并上课到中午十二点。我和毓老一同阅读了'四书'，然后是《诗》《书》和《礼记》部分。老师最大的兴趣是在《春秋》。我们也共同阅读了附有何休评注的《公羊传》和《春秋繁露》。我记得我那时计划到美国攻读研究所，我正要申请，毓老告诉我，如果我离开了，那我就浪费了我所有其他的阅读。所以，我选择留下来。又隔了一年，我申请研究所，录取了，但老师反对,说我还没有读到《易》,如果我离开等于是浪费了读《春秋》的时间。当时我并不知道《春秋》和《易》是互相表里的,因此我又留下来了,但在我们学习完《易》后,我就返回美国了。在课程中,我们也读了其他东西,包括熊十力和马一浮写的书,然后偶尔缴交文言文的文章。"

包弼德又回忆当时上课的情景:"老师上课的方法是一致的。他会朗读课文并讨论其内涵。同时,我会做笔记。偶尔,他会得到启发,并写下自己的想法,我也会把它抄录下来。他的方法是以经解经,这给予我汉学的重要训练。虽然我并不认为这是为经典找回原意的方法,但却是构筑思想最确实的方法。他总是在思考政治学,然后阅读经典作品,因为它们也可以应用在当今的时代。不论是他同意哪些经典,抑或是哪些经典是按照他的理解以顺服他的看法,这都是很难说的;又或许说,这两者其实是相互融通的。"接着又提到他上课的收获:"我向老师所学习到的,对我自身研究和教学最具影响的是,老师本身就是个拥有经典著作思想的活证。古代经典对他而言是确实活存的。也因为毓老的关系,我的观念才从体制史转变成思想史。我意识到,如果我们想解释历史的变迁,我们需要了解过去的人们如何看待世界,如何思考及如何面对他们所遭遇的问题和机会。总之,如果我们想要理解过去和现在的人们的选择,我们必须了解他们的世界观。"

最后,包弼德从一个深刻的角度回忆毓老师的文化愿望,他说:"我在毓老身上看到他多么渴望有一个一贯的、一统的、综合观点的中国文化观。他曾经告诉我,他是如何理解自己身为老师的角色,他说:'现今的年轻人,他们的心里是很复杂的。他们感到困惑,因为他们不知道要怎么做一个有中国文化的人。但我知道答案在哪里。'他又说：'想知道答案，你必须了解"道"，而"道"正在"经"之中。当你了解了经典，仿佛从单向或单一思维，你就会明白"道"。'"

班大为在受访时特地写了一篇回忆文章，描述毓老师上课的神情，对学生的严格要求，以及毓老师的预言、童年往事、宫廷回忆等，充满许多不为人知的细节，非常深入，而且迷人，对于认识毓老师的逸事有着珍贵的补充与说明作用：

> 一九七五年的春天我开始和毓老学习，取代当时正要返回莱顿大学的包弼德。在包弼德告诉我毓老认为我有能力继续跟随他后，我和其他同学被要求准备并研读一本著作——《孝经》。我每周和毓老学习，直到一九七七年的夏天我进入斯坦福大学，我于一九八三年在那里获得了博士学位。

> 不论是阅读经典著作，或是毓老对中华文化和历史的博闻，和毓老学习实在非常令人难忘。我从来没有建议毓老我想学习什么，我想最好的是让他判断我应该知道什么，这样他会把他个人最感兴趣的内容教给我。当我离开时，我们一起阅读的文本："四书"和《公羊传》这两本经典，被列在他为我写的推荐信中。每当我请求毓老为我说明那些我不那么确定的概念或原则，他会在纸上写出注解或说明，并利用其他的著作来阐述。我会把这些资料带回家，将它们抄写到我的本子上。直到现在我依然保留着毓老的注解。

> 毓老往往会偏离我们的阅读文本，详细地讨论其他事项。例如，时事或二十世纪的历史。他常利用近

代历史解释我们讨论的概念。举例而言，在说明中华文化中"神"的概念时，他告诉我，如果一个像爱迪生（Thomas Edison）一样的天才、人类恩人诞生于中国，他会将圣地献给他作为神。毓老对国际政治局势相当感兴趣，尤其是中国、美国和苏联的三角关系。一九七六年，他预言了苏联最终将因内部的矛盾而崩溃和解散。然而，他从来不跟我讨论中华人民共和国或台湾地区内部的情况。我发现毓老的离题很有教育性而且引人入胜，尤其因为我喜欢听他说话。他使用的语言、发音和词汇让我非常感兴趣，使我密切注意他的说话方式。毓老非常有趣，有着滑稽的幽默感。当他朗诵经典中的文句或回答我的问题时，他习惯把右手的前两根手指放在右眼旁的太阳穴。直至今日，我仍然可以清楚地回忆他摆着那个姿势。

  毓老很少向我提起他的童年与教育，除了他为何必须记住这些经典著作这么多年，和他天天跪在母亲面前朗诵经典文本的往事。我真希望那时我曾问他有关他早年的经验、他在"满洲国"的身份和日本人的入侵等。然而，我只记得他告诉过我，有关他童年的一个故事。毓老说，当时他与溥仪正受英国大使馆官员的英文辅导。（我记得官员的名字为Johnston〔约翰斯顿〕，但我可能是错误的。）（即Reginald Fleming Johnston，庄士敦，宣统皇帝的外籍教师。）有一次，毓老的英文家教邀请他一起享用午餐，餐桌上的马铃薯成为一种令他印象深刻的食物。当毓老回到家里，他的母亲问他午餐吃了什么，毓老说："土豆。"（即马铃薯。)

"土豆！" 毓老的母亲回答，"土豆！那是喂猪的啊！"

我们的师生关系的互动也非常有趣，并富有教育性在其中。我必须动用我所有对文化敏感的资源，恰当地管理我自己，以免冒犯老师或使老师不开心。有时这意味着静静地专注地聆听，当毓老发泄他对某些事情的怒气，包括其他学生的不敏感。毓老无耐心于没有给予他恰当尊重，或全心全意学习的学生。由于我们外国学生接受的是个别辅导，没有任何准备就前往上课是不可能的，我也从来不敢这么做。在一整年中，每个星期去上课都是一种冒险。谁也不知道该期待什么——毓老会穿什么，他会是什么样的心情，或他会不会满意我的准备和问题。

每年春天毓老会在庭院中晒他的长袍。我从来没有想过要请他解释那些长袍要怎么穿、什么时候穿，还有各种图案象征着什么等。我想我是不确定什么问题是可以问的，所以大部分的时间，我纯粹让毓老告诉我他想要和我分享的资讯。

和班大为同时受教于毓老师的夏含夷，特地写了一篇文章《我和毓老第一门课》，回忆他与毓老师学习《老子》的第一堂课，非常精彩，宛若禅门公案，很有魏晋名士风味。

一九七五年春天，我在台北市徐州路的"语言中心"教英语，认识了同门师兄包弼德（Peter Bol）。

当时他快要回到美国进入研究所，他说他的老师让他找一个新学生来代替他，问我有没有兴趣。我从包弼德那儿得知，他的老师一点都不像台北一般给外国人教中文的老师那样仅仅教中国会话而已，而是专门教中国古代经典和思想，曾经教过一系列美国著名的汉学家，诸如当时权威学者魏斐德（Frederick Wakeman）、孟旦（Donald Munro）和席文（Nathan Sivin）。我之所以会到台湾，一方面是为了学习中国话，另一方面则是为了研究中国宗教和哲学。然而，当时我才二十二岁，大学刚刚毕业（也非中文系毕业），对中国文学和思想的知识非常有限，中文阅读能力也不强，和那些学生完全无法相比。我唯一的长处是在台北住过快一年之后，我的中国话说得还可以。因此，我同意和包弼德一起去拜访他的老师，看看能不能变成他的学生。

我现在对那一次面试的记忆已经很模糊，前后过程几乎都不记得了。只是老先生问我要读什么书，我回答说，对老庄思想特别有兴趣，也想读《易经》，看看这"三玄"有没有相关。毓老说他到七十岁以后，决定只教经书，但因为《老子》也可以算是经书（它的别题不是《道德经》吗？），所以他会接受我，当他的学生（这面试过程也和台北其他老师很不一样，问题不是我会不会接受他，而是他会不会接受我）。他决定我们要从《老子》第一章开始，叫我买一本《〈道德经〉讲义》，是清初宋常星（字龙渊子）所撰。老师说他开始阅读《老子》的时候，就是读宋龙渊的注本。

当时老师住在木栅的一间日式老房子。早上八点钟我准时到了(外国学生和中国学生不一样,外国学生是早上上课,当时中国学生和后来一样是晚上上课)。守门者让我进去客厅坐下,说老师会马上来。我还清楚记得,老师穿着长袍进入客厅,右手拿着线装本《〈道德经〉讲义》,左手拿着一根香,说读经书的时候,一定要崇拜书,必得烧香。他点了香以后,把它放在书桌上的鼎形香筒里,香烟就在我们两个人之间。他开始问我有没有准备。我说准备了,他就让我念。我念了"道可道,非常道;名可名,非常名"以后,毓老大声地问我:"什么意思?"

我说:"对不起,老师,我不很清楚到底是什么意思。"

他说:"你不清楚。好,我告诉你,'道可道,非常道'的意思是道(大声,后面停止了两三秒钟)——可(拉得很长)——道(又是大声),非(又拉得很长)——常道!懂了吗?"

"对不起,老师,还是不清楚。"

"还是不清楚。好,我给你说白话文,意思就是'道可道非常道'(说得特别快),懂了吗?"

"对不起,老师,还有一点不清楚。"

"还不清楚。好。我再给你说一遍。'道可道'的意思就是'道'(大声)——可(强调'可'第三声声调)——道(强调'道'第四声声调),'非常道'的意思是'非常'(非和常连在一起说)——道(又强调'道'第四声声调)。懂了吗?"

我们继续了这样大概十几分钟,我突然好像有所体会,"道可道,非常道"的意思好像了然清楚。(好几年之后,我自己第一次教学生《老子》,感觉意思并不是那么清楚,但那是另外一篇文章的题目了。)"道可道,非常道;名可名,非常名"弄清楚了以后,《老子》第一章其他句子似乎很简单,至少没有留下任何印象。

第一门课上完了以后,我接着读下去。每周上四门课(八个钟头),半年时间把《〈道德经〉讲义》读完了。老师的教法是每一章每一句都要念给老师听,念完以后,老师每一次都会让我用我自己的话说明内容含义。有问题的时候,老师会解释,偶尔在自己的本子里会写一个眉注,让我抄在我自己的本子里。老师虽然一点也不懂英语,可是一定要我把这本宏大著作翻译成英语。到现在为止,我办公室的某一个架子里仍然存着长达六百页的《〈道德经〉讲义》英文翻译,不知道有没有什么学术价值,可是对当时年轻的学徒起了很大的作用。

我继续了这样的课程两年,《〈道德经〉讲义》读完了也翻译完了以后,《庄子》和郭象注也全部阅读了。最后,老师终于说我可以开始学习《易经》,一定要我读《〈周易〉来注图解》(明末遗民来知德用三十年时间写成的巨作),也是老师年轻时开始学习《易经》所用的课本。我们用了差不多一年的时间把《〈周易〉来注图解》读完。(坦白地说,老师非常喜欢的这本《易经》的注解实在相当笨拙,来知德常常简直抄了朱熹的注解,据我想,来氏自己的贡献不算太大。)我们读《〈周易〉来注图解》之时,我每显得少一点耐心,老师都会说:"我们不求快,只求好。"虽然在美国的上课方式和我与毓老几乎四十年前的读书经验完全不一样，可是到现在为止，我自己教书的时候，也经常对学生说同样的话。

《〈周易〉来注图解》读完了以后，老师终于说我可以继续读王弼的《〈周易〉注》。从"乾，元亨利贞"到《杂卦传》，我们又重新读了《周易》的每一个卦辞、每一个爻辞，《十翼》的每一章每一句，王弼的注解也都详细拜读了，每一卦、每一爻读完了以后都会谈谈它内在的意义。到最后，我决定申请美国研究所，申请信上说我想要研究《周易》的本原和早期演变。毓老给我写了一封推荐信，说我"颇窥见大易之玄门"，当时我自大地觉得"颇窥见"是有一点轻视我所打的学术基础，但是现在觉得老师说得完全是对的。当时我实在是在大易的"玄门"之外刚刚开始"窥见"它蕴含的道理。在美国我已经花了三十多年的时间学习这本经典，此时很庆幸能够窥见马王堆帛书《周易》、阜阳汉简《周易》、上海博物馆所藏战国楚竹书《周易》，也曾见不少其他相关出土文献（老师也见过，但没有感兴趣），然而还不能说我达到了老师那样的理解，我自己觉得还只是在入门的地步。但是很不幸，现在我再也无法向老师请教，只能依靠当时打的基础，自己再多读一点书了。

一九七九年后，美国留学生减少，但毓老师早于七年前成立天德黉舍，招收大量台湾学生，传授中国学问，已经不受影响。不过这些老洋同学仍时时回到台湾探访老师，如席文在一九六一年回美之后，又曾多次回到台湾拜访老师。夏含夷于一九七八年回国，曾在一九八一年首次到大陆参加学术会议，会议结束又特地回到台北拜见老师，当时老师非常好奇大陆的情况。夏含夷此后经常到大陆去，都会顺路到台湾，每一次都去拜访老师，他说："老师当时已经不再教导外国学生，但每一次见到我，他都很高兴地谈论老同学。"

从这些洋学生的回忆看来，他们眷眷难忘的始终是毓老师独特的尊贵气质（洋学生都有明明是要前往面试中文家教老师，到最后自己却变成被面试对象的共同经验），独特的因材施教方式（朗诵、训解、旁征博引、古今相证……）和深厚的学养与学问（"四书五经"诸子学），还有因着生命涤荡与砥砺而发展出的特殊师生情谊。——这些洋学生后来大多成为世界各地著名的汉学家、名学者，而他们共同的经验就是都曾随毓老师读过中国书，可以这样说，毓老师是这些教授的重要老师，是"教授中的教授"。其影响，起于台湾，放诸四海，无可估算。

二〇一一年四月十日，毓老师出殡公祭当日，洋学生夏含夷先生不远千里，特地从美国赶至会场代表所有洋学生致意并致辞。包弼德先生当时恰好有事在台，原本离台的时间正好是毓老师告别式当天，为参加告别式而延后一天返美。（另外，简慕善在前一年秋冬时曾拜见毓老师，并有合影，原本答应出席追思会，但因病在上海住院，医生不允许搭机，最后只好作罢。）他们两位跟随毓老师读书已经是三十多年前的往事了，但他们和毓老师的情谊却历久弥笃，日显其光。

魏斐德在一九七〇年以"吾无隐乎尔"点出毓老师教授外国学生时毫无保留的教导信念，甚至让魏斐德认为他们这些洋学生是正统的中国文化传人。——这难道不正是孔子所说的"有教无类"的具体表现？那句话的原文是："二三子以我为隐乎？吾无隐乎尔！吾无行而不与二三子者，是丘也。"翻成白话是："你们这些弟子，认为我的话有所隐藏保留吗？我对你们是没有任何隐藏保留的啊！我没有任何言行是未曾告诉过你们的，毫无保留才是我孔丘的为人啊！"毓老师对洋学生确实如此，不论早期或后期的洋学生，也不论后来的台湾学生，毓老师五十余年来所传授的学问与正道，始终如一，未尝改变，从一九五八年开始，到二〇一一年故去，毓老师孜孜矻矻，弘毅任重，死而后已，皆是"吾无隐乎尔"啊！

后记：本文得以顺利完成，得力于夏含夷先生所提供"海外黉舍同学录"，方能顺利地与毓老师的海外学生取得联系，并获得诸多先生的宝贵回忆文字，谨在此特地拜谢。

为避免此一珍贵资料流失，兹将《无隐录》上的学生名单及"海外黉舍同学录"抄录于后。

《无隐录》上的学生名单：撰写论文者十人依序为：
Richard C. Rudolph、Moss Roberts、Nathan Sivin、Arthur E. Link、John C. Jamieson、Ronald Dimberg、Frederic Wakeman、Ronald R. Robel、Donald J. Munro、Ralph C. Croizier。

书末列出其余曾受业毓老师的学生有二十三人等：
David Arkush、Susan Arkush、Jerry Dennerline、Mason Gentzler、George C. Hatch、Philip Huang、Paul Ivory、Dale Johnson、Wallace Johnson、Marshall Kaplan、David Keightley、Jonathan Kress、Angus McDonald、Jonathan Mirsky、Patrick Moran、James Parsons、Ric Pfeffer、

Jonathan Poter、James Pusey、John Schrecker、Lyman Van Slyke、George Weys、William Wyckoff 二十三人之多。

"海外黉舍同学录"收录名单
（与《无隐录》名单有重复者）

范力沛（Lyman Van Slyke）
一九六〇——九六二年入黉舍，现职斯坦福大学荣誉教授。

简慕善（John C. Jamieson）
一九六〇、一九六九——一九七〇年入黉舍，现职伯克莱加州大学荣誉教授。

席文（Nathan Sivin）
一九六一——一九六二年入黉舍，现职宾夕法尼亚大学荣誉教授。

孟旦（Donald Munro）
一九六一——一九六二年入黉舍，现职密歇根大学荣誉教授。

罗幕士（Moss Roberts）
一九六三——一九六四年入黉舍，现职纽约大学教授。

黄宗智（Philip C. Huang）
一九六四——九六五年入黉舍，现职洛杉矶加州大学荣誉教授。

吉德威（David Keightley）
一九六六年入黉舍，现职伯克莱加州大学荣誉教授。

丁博（Ronald Dimberg）
一九六六——一九六七年入黉舍，现职弗吉尼亚大学副教授。

欧达伟（David Arkush）
一九六七——一九六九年入黉舍，现职爱荷华大学教授。

倪肃姗（Susan Nelson）

一九六七——一九六九年入黉舍,现职印第安纳大学退休教授。

邓尔麟(Jerry Dennerline)

一九六八——一九七〇年入黉舍,现职阿姆斯特大学教授。

包弼德(Peter K. Bol)

一九七二——一九七五年入黉舍,现职哈佛大学教授。

班大为(David Pankenier)

一九七五——一九七七年入黉舍,现职理海大学教授。

夏含夷(Edward Shaughnessy)

一九七五——一九七七年入黉舍,现职芝加哥大学教授。

甘幕白(James Kemp)

一九七六年入黉舍。

伊罗(Robert Eno)

一九七六——一九七九年入黉舍,现职印第安纳大学教授。

郭适(Ralph C. Croizier)

? 年入黉舍,现职维多利亚大学荣誉教授。

莫然(Patrick Moran)

? 年入黉舍,现职维克森林大学教授。

保罗·史密斯(Paul Smith)

? 年入黉舍,现职哈弗福德学院教授。

詹宁斯·梅森·根茨勒(Jennings Mason Gentzler)

? 年入黉舍,现职哥伦比亚大学教授,退休。

浦嘉珉(James Pusey)

? 年入黉舍,现职巴克内尔大学教授。

詹姆斯·帕森斯(James Parsons)

? 年入黉舍,现职加州河畔大学荣誉教授。

戴尔·约翰逊(Dale Johnson)

? 年入黉舍,现职欧柏林学院荣誉教授。

乔纳森·波特(Jonathan Porter)

？年入黌舍，现职新墨西哥大学教授。

失联同学

Monica Crogan、Marshall Kaplan、Jonathan Kress、George Weys、George C. Hatch、Paul Ivory

黌舍之友

约翰·施瑞克（John Schrecker）
一九六八年入黌舍，现职布兰迪斯大学荣誉教授。

艾尔曼（Benjamin Elman）
一九七七年夏入黌舍，现职普林斯顿大学教授。

已逝同学

理查德·C. 鲁道夫（Richard C. Rudolph）
第一位外籍学生／友人，洛杉矶加州大学荣誉教授，二〇〇三年逝世。

华莱士·约翰逊（Wallace Johnson）
？年入黌舍，堪萨斯大学教授，二〇〇九年逝世。

罗纳德·R. 罗贝尔（Ronald R. Robel）
一九五八—一九六〇年入黌舍，阿拉巴马大学教授，逝世。

魏斐德（Frederick Wakeman）
一九六二—一九六四、一九六七—一九六八年入黌舍，伯克莱加州大学教授，二〇〇六年逝世。

Ric Pfeffer 二〇〇二年逝世　　**Arthur E. Link**（逝世）
Angus McDonald（逝世）　　**William Wyckoff**（逝世）

毓老师在大学教书的经历

一、任教中国文化学院哲学系

一九六七年九月，"中国文化学院"（后改制文化大学）[1]创

---

[1] 毓老师曾说"中国文化学院"原名"东方学院"，当初张晓峰向老蒋呈报创办东方学院一事，老蒋问他："你这学校是干什么的？"张答："讲中国文化。"老蒋："那就叫中国文化学院不就得了，还什么东方学院！"张领命后，跑去和毓老师说："老毓，老毓，我得到御赐了。"老师疑惑地问："什么御赐啊？"然后张就把上述这事娓娓道来。文化学院修建大成馆时，修到铺瓦阶段，经费已然不足。张晓峰日理千机，即使知道此事，也不挪用、贪污公款。毓老师便出面向承包琉璃瓦工程的蔡家开立支票（应该是以学校名义），支票到期前夕，毓老师再次出马更换另外一张支票。几番来回后，蔡家老板终于忍不住说："王爷，好了，好了，我知道你们没钱，这屋顶就当作是我捐的吧！"此事之后，蔡家仍和毓老师保持联系。前几年蔡家后人一家老少还前来拜访毓老师，并与老师合影。

办人张其昀[1]邀请毓老师至哲学系任教。开授"孔孟荀哲学""陆王哲学""学庸哲学"和"《易经》哲学"四门课。第二学期即担任哲学系主任,一九六九年七月离职,授课时间二年。开始授课这一年,毓老师六十二岁。

据当时就读大一的陈文昌(今玄奘大学中文系副教授)回忆,毓老师开设的课程,因讲课精彩,自然而然吸引全年级学生前来听讲。当时哲学系的学生,都有很深危机感,怕毕业后找不到工作,但上了毓老师的课之后,生命得到激励,都把中国文化当成一生的事业,同学李宝胜后来在毕业册即引用毓老师的话自勉:"哲学家的责任系树立人类未来的新文化。"从另一项数据也可以得到证明,当时大一升大二转系的人数很多,哲学系二年级只剩十八人,但自从毓老师来了之后,大家都不走了,大一升大二破天荒居然有三十三人留在哲学系。

陈文昌认为毓老师对中国文化学院哲学系最大的贡献有以下几点:

第一,毓老师以经解经,讲求实用之学,为学生打开经典奥义,引领全系学生进入中国文化殿堂。同时建立学生信心,带来希望,哲学系从此凝聚一气,读书风气为之大振。

第二,鼓励学生博学多能,多向大师学习。毓老师推崇圣雄甘地,常引甘地说:"要把欲望降到零度以下。"又说:"嗜欲深者,天机浅。"学问则推崇熊十力,上课即以《读经示要》卷

---

[1] 毓老师曾说张晓峰与老蒋亲近,为人忠厚有余,有一天突然来访,说:"同门故来拜访(张为梁启超的学生),我们要办东方学院,想请你帮忙!"当时山仔后连卖面包的都没有,毓老师回答说他不吃党饭。张却回说:"那你吃面包吧!"日后特务时常监控毓老师在书院上课情况,张晓峰便极力为毓老师回护,曾对老蒋说:"叫他(指毓老师)听话办不到,但绝不会做坏事!"

一作教材，逐句诠释。同时鼓励学生到外校旁听，推荐钱穆、屈万里、鲁实先、方东美、许世瑛等先生的课。还鼓励学生要加强外语能力。——这些都是毓老师的宽阔远见。

第三，鼓励学生静坐静心。毓老师说："宋儒，半是读书，半是静坐。"静坐是儒家式的，不讲究盘不盘腿，时间长短，坐定椅上，双手下垂，自然呼吸，观察自己的起心动念，摒除杂想。等心静下来之后，思考自然敏锐、清明，这就是儒家所说的"慎独""惩忿窒欲"。

据当时就读大二的学生李济捷回忆，毓老师总是很早到校，很晚才离开，学生们都到办公室围着毓老师，天南地北聊天。毓老师有时聊他和康有为的孙子康保延见面时，向康保延说年幼时曾跟康有为师傅顶嘴："《大同书》公妻共产，不得花柳病？"又说康有为曾赠送一幅横额大字"咏豳轩"[1]给他（后来曾挂于天德黉舍墙上）。

毓老师也曾聊过民国三十四年（1945）"满洲国"覆灭时，为了逃避追捕，曾变换身份，削发，穿上僧袈裟，当时逃难者都从关外往南逃，毓老师却一反常态，先往北逃，与搜捕军交错而过，受盘问时，还不忘请求盘问者给予素食止饥，以证明和尚身份。等搜捕军往南推进后，他才从后方转而向南，顺利脱逃。

毓老师又聊到，抗日胜利后，中央在南京开庆祝会，毓老师代表满族出席，看见各族穿上传统服饰，语言不同，口音又

---

[1] 豳，古国名，周的祖先公刘曾率周人迁徙豳地定居，故称公刘为豳公。《诗经·豳风·七月》，唐陆德明题解："周公遭流言之难，居东都，思公刘、大王为豳公，忧劳民事，以比叙己志，而作《七月》《鸱鸮》之诗。"后亦借豳公寓仁君或临难不苟的贤臣，如唐贾至诗"豳公秉大节，临难不顾身"。"咏豳"即咏"秉大节""临难不苟"之仁君贤臣之意。

重，齐聚南京庆祝，毓老师便笑着对学生说："现场就像联合国，讲话都听不懂。"

毓老师当时烟瘾很大，用烟斗抽烟，后来才戒了。学生问起原因。毓老师就说戒烟有两个原因，头一个是外国学生问他："'身体发肤，受之父母，不敢毁伤，孝之始也。'抽烟伤身，这样可以吗？"第二个是有回在松山车站等车，看见一个老人正低头弯腰捡拾地上抽剩的烟屁股，回家好剪开烟屁股，把余剩烟草拢集成一根新烟。毓老师心想："趁有钱买烟时，赶紧戒了，不要等没钱买烟了，才捡烟屁股！"

毓老师有时会带学生外出郊游，从阳明山走到北投，当时曾去寒玉堂和阎锡山的墓。老师到了坟前，便开始介绍。寒玉堂，是溥儒的斋号。溥儒和毓老师都是清朝宗室，毓老师说："寒玉堂，就是'身如寒玉'的意思。溥二爷，字叫心畬。畬，是二年耕作之良田，心作良田百世耕，故字心畬。"又说："溥二爷画得最好的作品，都会盖上'乾坤一腐儒'的印。"

毓老师是传统观念很纯正的人，他严守礼节，维护传统。例如后来有一回学生们去拜年，毓老师就说："我们皇族是不过年的，除夕夜都去哭陵，江山被推翻了，不敢过年！"

毓老师上课，会要求学生先写一篇文章，李济捷写了一篇《论高职教育》。毓老师看完之后很满意（毓老师到文化学院教书之前曾在台东农校教书，因此特有共鸣），下课后便找李济捷到内湖洲美家中闲谈。那是一处农村砖头房子，里头只有一房一厅。邻近小孩儿早趴在窗户边准备瞧看留长胡子的老公公。李济捷回忆，毓老师冬天总是穿马褂棉裤，夏天则穿长袍，绝不穿西服。有一回从箱子里取出一件长袍，毓老师翻开内里，竟是一片片貂皮缝制而成，共有四百片。当时老师对他很看重，所以他向老师求书法，老师马上就写了一幅"君子以果行育德"送他；他向老师求字号，老师就给他"敬哲"字号，毓老师还特别说："哲，就是智慧的意思。"

毓老师之所以在哲学系只教一年书就离开，起因在于当时担任系主任，想大刀阔斧革新系务，却因而触怒少数特定人士，引发反弹。加上毓老师当时已着手成立自己的书院，见沉疴难起，事不可为，也不留恋，便潇洒卸职而去。当时许多学生得知消息，颇惊诧，还同去晋见创办人张其昀先生，表达愤慨。

二、任教辅仁大学哲学系

毓老师离开文化学院后，因于斌主教的敦聘，又前往辅大哲研所任教，但为期甚短，仅一个学期。时为一九六九年九月至一九七〇年二月。（据林义正学长回忆，毓老师于一九七二年九月至一九七三年二月亦曾在辅大上课。）

据当时就读研究所的魏元珪后来写出的悼文《千载忆怀师恩浩瀚——儒心、道行、释骨》提到几个重点，可窥见其时毓老师上课之内容与精神样貌。

其一，毓老师传授生命实学。"老师教学重在生命体证而非经生训诂，中国学问应由儒家入门，道家与释家则是学得通儒后再去追求。因此教学首由'四书'（《大学》《中庸》《论语》《孟子》）切入，而后贯通经籍。'五经'中特重《易经》《尚书》及《礼记》，子书中特重《吕氏春秋》《淮南子》以及董仲舒《春秋繁露》等。此外亦教授《孙子兵法》等之运筹策略。唯独不教诗，并非不重视，而是行有余力,再学诗即可[1]。老师特重'质'的培育,一个人徒有文饰而无实质,不过是虚饰的学问而已。教学重在培养治国之材,更重在实践笃行,而非徒托空言。——他认为民国以来的学者,尤其是'五四运动'以后的学子,多学无所本,有些留学国外,自家文化毫无根底,只袭得西方皮毛,即忝为人师,实贻害苍生不浅。"

其二,老师的生命气象。"老师自来台后,有为有守,不为形势所胁,不受利诱所惑,他一心一意要为中国培养真正有卓见的人才,尤重培育台湾学子,认识博大精深的中国文化。老师为人望之俨然即之也温,大有敦厚长者之风,其所传者不在经义,乃在经训,更在乎人生命之实践。毓老师为人诚如孟子所云:立天下之正位,居天下之广居,其晚年所居处不过弹丸陋室,但却有德乃馨,广收学子以培养天下英才而蔚为天下之广居。"

其三,坚持真儒精神。"受先生之教者众矣,领先生之学者夥矣,能忆先生言行者尤所在多有,但唯一不可不知者,先生教人不在辞章,乃在行事为人之真儒精神,为学贵得精诚处。先生深憎言行不一,表里相异之人。先生教学重在人格之熏陶,养成深切笃行之功夫,学问之道不求其华,在乎其实,为学首在学做人,能明时、知机,洞察世变,不苟不阿方为真君子。学得先生之言者颇不乏人,但得先生之风骨者鲜矣。"

---

[1] 毓老师有一次上课曾提到(据马康庄学长记录),来台后曾想向徐子明老先生学《毛诗》,无奈徐先生的女儿索价太高(束脩以黄金若干两计算),只得作罢。若干年后,老师很后悔,认为还是该去学。《毛诗》是古文经,老师并未因此排斥《毛诗》,可见其为学度量很大,没有门户之见。

三、任教政治大学哲学系

一九七〇年，政治大学哲学系主任赵雅博特别邀请毓老师至该系授课。据当时就读哲学系大学一年级的林杰放回忆，其时系主任赵雅博是天主教神父，专长为西方哲学，希望觅得一位懂中国哲学的大牌教授，以造成宣传效果，因此找到毓老师。

毓老师在政大教书时，用的是最大的教室，听课的人挤满教室，几乎各学系的人都来旁听[1]。讲了一年《易经》，从《系辞传》讲到《乾卦》。但一年后，毓老师就没来教课了。林杰放后来听侄子林书任说："毓老师没有收到聘书，自己在家开课。"林杰放一听心里就明白了，毓老师上课经常批评时政月旦人物，系主任和校方迫于政治压力，不再续聘了。日后林杰放就自行前往毓老师的黉舍上课了。

四、大学之道

毓老师在文化、辅大、政大授课虽仅三年多，但后来学生多前往天德黉舍继续问学听课。

毓老师之所以离开大学，其实有以下几个主要原因。

第一，毓老师看不惯大学里头充斥学阀门派。毓老师常批评某些学者自立门户，创立门派，不过聚徒众以壮声势，但观其所教不过是空中楼阁，徒有立德之名，而无践德之实。

第二，毓老师对大学的标准有不同的看法。毓老师心目中的大学，并非西方教育体制下那种以知识传授为主的大学，而是中

---

[1] 毓老师上课时曾回忆政大上课的情景："在政大上课时，有政大政治系教授，领学生来上课，说：'等毓老师讲完了，我们再讲！'窗外都是学生站着上课。"

国传统以德术教育为主的书院。毓老师要的大学是"四书"里头的那种"大学"（大人之学），是"与天地合其德，与日月合其明，与四时合其序，与鬼神合其吉凶，先天而天弗违，后天而奉天时"。

第三，毓老师正着手创建天德黉舍。离开政大后，毓老师即在成功新村住所，办起天德黉舍书院。毓老师说书院精神在于还本归初，复观天地之心，为先贤继绝学，为往世开太平。

毓老师决定用他自己的"大学"，教育"大人之学"，栽培出"大人物"，创造出"大气象""大格局"和"大功业"，来为往圣继绝学，为万世开太平。

因此，毓老师开始了书院独行之路，一路走来，四十余年如一日，坚持真儒的风标、风骨与风范。

毓老师坚守的书院传统

一、坚持书院讲学

一九五四年一月二十三日，是毓老师在台湾开始讲学的纪念日。这一年，毓老师四十九岁，距离民国一九四七年从大陆来台湾，已经过了七年了。

这一年前后，毓老师从台东回到台北，自此在台北讲学，起先教导外国学生，后来在各所大学兼讲。一直到一九七一年，才正式成立天德黉舍（后改名奉元书院），以民间书院形式讲学，一直到二〇一一年，死而后已。

毓老师认为"书院自有其力量"，创立天德黉舍的目的就是要"讲中国学问，认识中国学问的真面目"。

毓老师把中国学问称为"夏学"，书院专讲夏学。毓老师认为"夏,是中国人的文化。中国是广义的中国,是中道之国。天下文化的境界就是'中庸'。中庸就是用中,谁能用中道,谁就是中国人。中道之国,没有边际"。又说:"入中国则中国之,所有宗教都有末世,只有中国思想没有末世,中国文化是生生不息,是永恒。"毓老师补充说道:"但我们书院现在只讲孔学,因为每个人都有专学,孔学以外的,我不懂。"接着又说:"孔学都是治世之学,孔学就只有一个思想,仁。中国人的学问就是一个'时'[1],得乘时以支配天下(时乘六龙以御天,要统天,就是得摆弄〔如龙一般〕天下莫测的变化),仁就是救天下的法宝,所以要以仁为己任。"并以此相互比较:"夏学,以大事小。满学,以寡御众。孔学,则是御天下,必使人人皆可为尧舜。——中国文化没有中断灭亡,都是孔老夫子的智慧。"[2]

毓老师讲孔学,主以经书入门,"以经解经,不是空想臆说",特别注重用事、经世,曾说:"讲书以《易经》为本源,'五经'就是五常,书是治世之书。"又说:"《易经·蒙卦》:'蒙以养正,圣功也。'养正就是守正,守正太难了,故要'大守正',下这么大功夫,就是要达到圣功。一个人守正养正,特别重要,我们读圣贤书,都是为了希圣企贤。圣功,不是

---

[1] 毓老师曾说:"老师为何重视中国文化,因为所有思想都在近代中国实践了,也都失败了。"毓老师一辈子最受影响的话就是:"圣人不能生时,然时至而不失之。"

[2] 毓老师曾感叹:"其实我们满人的文化太低了,四五百年而已,必得好学,像圣祖皇帝一样。清朝皇帝没有一个昏君,历史发展有兴必有衰,中国有那么好的文化尚且有改朝换代,就是没明白'又日新'这句话。青出于蓝、'后生可畏,焉知来者之不如今',就是中国文化。其他民族都是神化自己,只有中国文化不神化自己。"

写几本书就成了圣人，孔老夫子是为了有所为，才成圣人。道不行了，才回来鲁国，《春秋》字数最少，是因为年岁最少了！《春秋》和《易经》是孔老夫子的精心二书。你们要真懂得'深明大义，居正一统'，看历代那些注解都要哭了！中国历代的注解，从秦始皇到清朝都不敢把真经义讲出来，所有教育都是愚民政策，都是愚民之言。几千年来讲学术都是：奉旨行事。'大道之行，天下为公，选贤与能''人人皆可为尧舜，有为者亦若是'。这是中国人最伟大的思想，尧不传给儿子，而是让贤。旧时代儒丐、奴儒在帝制时代都不敢明讲。"又说："中国的书都是治国平天下之道。《大学》《中庸》，是《易经》《春秋》的小注解，用最简单的方法讲了一遍治天下的要道。"

孔学实际就是儒学，毓老师讲解"儒"："儒，专做'人'之所'需'。专做别人所需要的事情，儒家都是为别人活的。'吾日三省吾身，为人谋而不忠乎？'虽然我们还谈不上夏学，只是孔学，但百家哪一家不是为别人谋幸福？所以人的价值，完全在于对别人的贡献。"

因此毓老师特别反对不切实际之学："中国思想都是实学，讲玄学的都是混饭吃的骗子。很多人不懂得从根上做学问，想从中间插队！没懂其所以，就是虚学，无用之学，空的。"同时批评"五四"，说："从'五四'开始，就拿中国文化写文章换面包吃。文化精神、文化使命都没有了。'五四'以降的学问，都是虚无缥缈之学，好像知道很多很多很多，但只能自欺而不能欺人。——'五四运动'是中国学术败坏的开始。痛定思痛不是空话。稍微用点心都知道人的责任。必得细琢磨：大用在何处？绝不是无病呻吟。"又说："'五四'诸子，文章好，有什么用？《左传》文章写得那么好，还比不上《战国策》，好好读《战国策》啊,你们能为国家出一策吗?况且《战国策》还比不上《尚书》,人人皆可为尧舜,《尚书·尧典》能不用心读吗?《尚书》是第一本政治书,特别重要,最难读。"

毓老师曾撰写多本著作,后来悉数焚毁,不再著书立说,他解释:"中国学问是解决问题,不是写一本书叫后人研究。为何不写书?中国文化没有古今新旧,只有先后,能不能做到'先时'!古人的智慧,讲就够了。思想还有新旧之分?会用,都是新的;不会用,都是旧的。讲学不是为了留一本书,而是我们能从书中得到新的智慧。有用之物却无用,在于不思。读书多少不重要,智慧多才有用!讲道容易,行道难;做事容易,成事难。"又分析今、古文之争,说"今、古文之争,到最后不是争学问,而是争学阀。我们不要成学派,要承学脉(上承伏羲,伏羲是人类始祖)"。毓老师说孔子是"述而不作",自己则是"寻而不作",终身在"寻"拯世之真文。

毓老师讲学,都是为了能够增加学生的智慧,曾说:"读书增加了我们自己的智慧。读书,要读'要点',读完书之后,增加了什么?增加了责任。读书没有增加责任感,那没有读懂。五十几年来,天天教人有智慧。以前,讲书比现在还细,两百五十人挤在这个小地下室,'四书五经'之外,还讲'八子',讲《资治通鉴》得失,费如此心血,为什么?增加你们的智慧!你们为什么笨?因为没有人教你们用脑子!不知思,能成思想家吗?"又说:"三年小成。讲这些都是为你们的病而发。最起码也可以全身而退,川岛芳子,刺杀那么多人,最后却被亲戚出卖了。"有时也会开玩笑说:"唉,给你们女孩子讲这些,真浪费,在家里缝缝破袜子也好。女同学结婚,老师都送《孙子》做陪嫁这物,不懂御天,也要懂得御夫。——上课都欺负女同学，但我这点学问都是老母亲所教的。"

二、毓老师的心愿：兴建华夏学苑

毓老师上课时常提及早期台湾创设大学的人物，如张其昀创建"中国文化学院"（文化大学前身），张惊声、张建邦父子创办淡江英语专科学校（淡江大学前身），晓云法师[1]创办华梵工学院（华梵大学前身），曾约农（曾国藩嫡曾孙）担任首任东海大学校长……常常提及这些，是因为毓老师曾帮张其昀筹建"中国文化学院"，拥有实际盖大学的经验，他后来也想用自己的力量（不依靠政府力量，老蒋曾答应拨款，毓老师拒绝）盖一所大学式的书院。

终于一九八九年在苗栗铜锣购得三十甲地，准备盖"华夏学苑"，并写妥苑训："学由不迁怒不贰过臻圣王至德；苑育仁者相帝者师履一平要道"，之所以取名华夏学苑，毓老师解释说："华夏，就是'华此夏'，光显夏文化，华是动词。我们的责任，就是华夏。夏文化就是'平天下'的文化，现在的中国并不代表中国文化。我的梦想就是想把台湾变成华夏文化的模范岛！"

毓老师没有政府挹注资金，只能自己想办法筹集建校资金。后来万事俱备，只欠东风，却因故遭到停滞。毓老师到了晚年，提及此事仍是感慨万千，说："三十甲地，买十多年了，办学校没人做，我有才、有策、有略，就没人啊！"

---

[1] 一九六七年毓老师时任"中国文化大学"哲学系主任，聘晓云法师为教授，并为其成立佛教文化研究所，使其担任首任所长。

三、毓老师与书院传统、精神

毓老师坚持书院讲学，实与中国书院传统一脉相承。中国书院起源唐代，盛于北宋，北宋有四大书院之说[1]；到了南宋，蔚为风潮，书院纷纷延聘大儒主持。元代风气仍盛，书院大多主讲程朱之学。到了明代，因批评时政，书院遭当道所忌，曾遭明世宗、首辅张居正禁毁。明朝末年，东林党与阉党相争，阉党魏忠贤尽毁天下书院，书院大为没落。直到清初雍正皇帝，改采鼓励态度，明令各省重新兴建，书院才得以逐渐兴复；只是此时的书院，已受到朝廷监督，不复宋元时自由讲学的风气了。清末庚子新政后，诏令将全国书院改制为新式学堂，书院制度自此瓦解。

毓老师上课偶尔提及清初"启运书院"。该书院为毓老师嫡先祖努尔哈赤所创，聘请浙江绍兴人龚正陆及汉人教师方孝忠、陈国用、陈忠等人，教其子侄读书，清太宗皇太极、摄政王多尔衮及清初诸多军事家，政治家，皆从启运书院所出。

毓老师在"满洲国"时，曾至郑孝胥筹设之"王道书院"授课，主讲"王道思想"，韩国总统朴正熙（一九四〇年至奉天〔今沈阳〕满洲军官学校就读），即是当时学生之一。

毓老师之所以坚持书院讲学，乃远绍宋、元、明书院的自由讲学精神，近取清初"启运书院"讲究实学的方式，及康有为万木草堂讲今文经、经世维新之学。因此上课时总是勇于批评时政、议论人物，积极培养学子、裁成人才，以修身养德，灌输智慧，砥砺之以治国平天下为己任。所以毓老师心目中的大学式

---

[1] "四大书院"的说法最早出现在南宋，是对北宋四大著名书院的称谓，指的是湖南长沙岳麓书院、江西庐山白鹿洞书院、河南商丘应天书院（睢阳书院）、河南嵩山嵩阳书院（或湖南衡阳石鼓书院）。

书院，是要能真正做到"大学"，毓老师曾说："大学，就是'学大'，谁最大？唯天为大，为尧则之。人人皆可为尧舜，因此人人也皆可以则天。天有多大？天之所载，地之所覆，日月之所照，霜露之所降。天之大，没有边界，无所不容，没有半点私心（我们每天以私心入世啊），不是说君子不器（但我们小器得很），大器晚成（四十而不惑，五十而知天命，要担大事，最好五十岁以后），能以美利利天下，才是大矣哉。"所以"大学"就是大人之学，是"与天地合其德，与日月合其明，与四时合其序，与鬼神合其吉凶，先天而天弗违，后天而奉天时"。

总结来说，毓老师书院讲学的特色就是：重时务、讲实学、悉要义、付诸实践。讲经的方式则是，明道统、承学脉，挣脱诸儒注解、直探先秦经书大义，以经解经，六经相贯，并归原于大易。并且亲身示范——一生尊德行、道问学，以平天下为己任。

毓老师终其一生秉持书院传统，力抗西方偏重知识的大学教育，而以一己之力继承中国传统书院形式（民间）、精神（自由讲学）、内涵（成德成材、修齐治平），发扬中国文化，做到"智周万物，道济天下"的读书人之重责大任。

毓老师修的世界文化遗产

毓老师修整永陵,起建满学研究院、满族博物馆,是一九九六年以后的事。

永陵位于辽宁省抚顺市新宾满族自治县永陵镇,是毓老师嫡系祖先陵墓,又称"兴京陵"。始建于一五九八年(明神宗万历二十六年),后代多有改造与扩建。一六一六年(万历四十四年,后金太祖天命元年),努尔哈赤建立后金,称汗时曾建都于"赫图阿拉"(满语,或译赫图阿喇、黑秃阿喇、黑图阿拉,为"横岗"之意),即今永陵镇老城区。一六三六年(明思宗崇祯九年,清太宗崇德元年),清太宗皇太极下令将赫图阿拉改成汉名"兴京",所以永陵旧称兴京陵。一六五九年始更名为永陵,寓意帝祚长久。一六七七年,永陵改用象征皇帝的黄琉璃瓦顶。

永陵葬有孟特穆(肇祖)、福满(兴祖)、觉昌安(景祖）、塔克世显祖以及努尔哈赤的两位叔伯礼敦和塔察篇古以及他们的配偶。塔克世是努尔哈赤的生父，觉昌安是努尔哈赤的祖父，两人在万历十一年（1583），前往古埒城试图劝降叛明的孙女婿阿台，不料却被辽东总兵李成梁所率建州女真苏克苏浒河部的图伦城主尼堪外兰于破城后纵兵屠城中错杀。（因此努尔哈赤视尼堪外兰为杀祖、父之仇人，最终想尽办法杀之以报亲仇，此杀祖杀父之仇恨亦成为日后努尔哈赤讨明檄文"七大恨"的第一大恨。）孟特穆、福满分别为努尔哈赤的高祖父及曾祖父。换言之，赫图阿拉及永陵是清朝的龙兴与祖陵之地。

永陵的格局主要分成三个部分——前院、方城与宝城。

前院 入口为木栅栏正红门，面阔三间，黄琉璃瓦顶。门后即四祖碑亭，依古代（左）昭（右）穆制度排列，中左为肇祖，中右为兴祖，最左为景祖，最右为显祖，碑亭内有神功圣德碑，用满、蒙、汉三种文字写成。碑亭为歇山琉璃顶建筑，周围有果房、膳房等祭祀配房建筑。

方城 碑亭的北面是方城，正门入口为启运门，方城内有启运殿、东西配殿和焚帛亭等。启运门后两侧有砖雕云龙袖壁。启运殿即享殿，为祭祀主体建筑，内有四帝及其皇后的供奉牌位。

宝城 启运殿后为宝城，即墓葬地，仍按昭穆排列，中为兴祖，左为景祖，右为显祖，台下左为礼敦，右为塔察篇古，肇祖位兴祖墓东北。

一九九三年夏天，毓老师第一次回大陆、回新宾，由学生蔡明勋陪同。当时毓老师向蔡明勋说：想回"兴京"。蔡明勋通过大陆中国旅行社的朋友，辗转问到东北人，才知道原来"兴京"是"满洲国"旧称，现已改名"新宾"。于是蔡明勋安排毓老师先到北京，在北京先住了三四天，会见一些宗族朋友，和一名社科院研究清史的学者。同时又去了一趟旧礼亲王府。毓老师站在已经改为民政局办公室的旧王府入口,对着蔡明勋说:"这是王府的侧门。"(毓老师上课时曾提及此事,说当时在王府侧门察看时,看守的军人走过来问:"老先生您在看什么?"老师答:"我在看我家!"那门卫大概是看老师年纪大,想是脑袋不清楚了,就客气地请老师离开。)

看完旧府之后,毓老师忽然说:"走,我们去看一看亲戚!"便走进一旁胡同,四下低低矮矮都是房子,每户门都很小,里面坪数三四坪,一大排房子共用一处卫浴。转绕之间,忽然,迎面走来一位老太太,毓老师轻声对蔡明勋说:"就是这一位!"老太太看到老师,马上低下头,不肯把头抬起来。毓老师又说:"那位是格格!"蔡明勋问老师:"要不要我上前去问问?"毓老师说:"不必了,她的穿着、生活状态,还有这种气氛,都不能跟她相认!"于是毓老师和蔡明勋掉头就走。毓老师走时又说:"那个格格是皇后的亲侄女,小时候我们常有往来!"(蔡明勋回忆说,一般人在这种情况应该会掉眼泪,但毓老师很刻意压抑着,绝不轻易掉泪。)

在北京期间,又去了颐和园,当时颐和园还很破旧,不像现在整修得那样好。晚上,毓老师想去老舍茶馆听相声、看表演,蔡明勋问老师要不要先去买票,毓老师吩咐说:"到了那边再买!"茶馆七点开演,到了门口才六点,但已经大排长龙,茶馆的票分前场、中场、后场,蔡明勋回头问毓老师说:"要买什么票?"蔡明勋之所以这样问,是因为毓老师沿途吃喝一切从简,毫不讲究,几乎每餐都是吃馒头配花生米,因此认为老师会希望买最便宜的票,但毓老师却说:"买最上等,要娱乐就要像个样。"

在北京办完事,便搭乘夜班火车前往东北,清晨抵达沈阳。

到了沈阳，蔡明勋又去张罗馒头和花生米，师徒两人随便配着白开水吃。再转公车到抚顺，到了抚顺又转火车到"南杂木"（毓老师说"南杂木"是满语，但未说明是什么意思），接着又转乘中型巴士往新宾。毓老师和蔡明勋坐在最后一排，巴士在山路上颠了两三个小时，老师却一句抱怨的话都没有。终于到了新宾，住进新宾招待所。当天晚上非常闷热，蔡明勋问老师："热不热？要不要请柜台送电风扇来？"老师却说："不要麻烦别人了。"

隔天一早，新宾县对台办事处主任请吃早饭，席上便问："老先生回新宾做什么呢？"毓老师说："满族人生活那么困苦，想要发展'红参'事业！"毓老师在这之前曾对蔡明勋说："红参是努尔哈赤发明的。努尔哈赤在养精蓄锐时，总是召集族人，每隔一段时间就拉白参到沈阳卖，后来明朝官员知道努尔哈赤培养军队，下令禁止买他的人参。努尔哈赤看着白参堆得满坑满谷，烦恼不已，最后不断研究，终于找出用糖去蒸煮、干燥，制作出红参的方法，足以延续白参药性，还能延长保存期限。"台办处主任很疑惑地问："老先生，您九十岁了还要创业？"殊不知毓老师创业，不是为了个人，而是为了满族人。

早餐吃罢，毓老师对蔡明勋说："走，去永陵！"到了永陵，毓老师说："永陵的墓，原先并不是要葬在这里，是移灵时经过这里，忽然打雷、刮风、下雨，有了这些征兆，才决定葬在这里。"[1]师徒两人到了永陵，遇见管理主任，非常亲切，对永陵历史了若指掌，

---

[1] 毓老上课亦曾说："满人习俗火葬，当初并非要葬在永陵，而是途经此地，小店不让歇宿，因此将骨灰坛放在店外一棵树下（今谓神树）。隔天一早看，杂草包裹住骨灰坛，于是就地掩埋，就是现在的永陵。"又说："长白山有十二山头，高的叫做升生世，永陵就是龙脉到湖畔喝水之处。我告诉你们，真有风水，也是风水找人，不是人找风水，不要迷信！"

知道毓老师身份后，便说："永陵内有空厢房，以后造访可以住在里头。"蔡明勋见永陵门口有一对石狮子，被打断一大截，便好奇地问怎么回事。主任说："以前的事，不好说！"（指"文化大革命"一事。）

到了中午，永陵附近找不到任何一家卖吃的，两人散步到某户人家前，一位老先生走出来，见毓老师腰系一绺黄丝带（努尔哈赤直系皇族血亲象征物），做势就要下跪，毓老师赶紧伸手阻止他，说："现在不兴这个了！现在不兴这个了！"老先生赶紧请进矮房子里头，特地煮了两碗面招待毓老师和蔡明勋吃。

然后，两人又从永陵走到赫图阿拉老城区，没水喝，找到一间尼姑庵，要了两碗水喝（老师后来还一直记得这两碗水的情义），再去看旧城墙，大部分都倒了，只有老碑还在。毓老师问老农夫，何时倒的。答说，倒很久了。走绕了一圈，毓老师心里已经有所盘算了。

在新宾办好事，回到沈阳，毓老师和蔡明勋特地去参观参药厂，查看如何做人参。再到沈阳草药市集，市集非常大，大到从入口看不到尽头，蔡明勋花了六十块人民币买了一整背包的白参。毓老师叹息说："在东北，白参价格就像萝卜，可惜了。"这就更加深了毓老师要做红参产业的决心。

参观完之后，就取道从北京回到台湾。[1]

---

[1] 隔年，老师又对蔡明勋说："走，我们去伏羲故里！"

伏羲何许人也？据唐代司马贞为司马迁所补的《三皇本纪》可知伏羲是"蛇身人首，有圣德"的神话人物，他还是八卦的创发者。（"仰则观象于天，俯则观法于地，旁观鸟兽之文与地之宜。近取诸物，远取诸物，始画八卦，以通神明之德，以类万物之情。"尤其后面这两句话，是毓老师上课讲《易经》最强调的重点！）创造文字取代了结绳记事（"造书契，以代结绳之政"），教导人畋猎捕鱼的技能（"结网罟，以教佃渔"）。因此被后世尊称为华夏太古三皇之一，与女娲又同被尊为人类始祖。毓老师在新店有一栋友人相赠的房舍"静园"，后来房内设有一庙堂，即名为"人祖羲皇庙"。毓老师隔两年，毓老师又回到新宾，见永陵启运殿两旁配殿（即果房和膳房）因大水泛滥而冲毁，表示愿意捐款修复。经过当地政府单位请人估算，工程费用约二十万人民币。——毓老师回台后，即将款项捐出。

一九九七年，毓老师又在张哥的陪同下至新宾。当时并未知会新宾县政府，直接从沈阳坐客运车到新宾，车上没有座位，老

参拜完本族努尔哈赤先祖陵寝之后，还要参拜人类始祖，可见其早已挣脱国族、民族、种族的区别，而以"天无私覆"的"天下"观去关怀"人"。（毓老师母亲为他取字为"慰苍"〔慰问天下苍生〕，即为此意。）

伏羲故里，据传为"陇西成纪"，就是现在的甘肃天水。于是蔡明勋联络大陆旅行社友人，在友人的安排下，又和毓老师两人先到北京，再搭火车转到上海。在上海再转搭计程车，至北站乘车。抵达火车站后，一下计程车，蔡明勋肩上背着背包，双手各提着一件行李，一位老太太立刻走向前来，主动表明帮忙拎行李，毓老师就说："让她拿！"拎上车之后，老太太索讨服务费，给了之后，还嫌不够，还要更多，毓老师就说："给她。"等老太太下车之后，毓老师对蔡明勋说："你斗不过她的！"

从上海搭夜车，先抵达西安，住进旅馆，隔天参加了饭店行程，参观了西安古城墙、华清池、兵马俑和一些市集。晚上则逛了西安夜市，吃了一碗素的刀削炒面。然后又继续搭火车前往甘肃，在火车上坐软卧时，走道上有几个年轻人在对话，其中一个自述坎坷身世。毓老师和蔡明勋当时都未睡，等他们都讲完了，毓老师对蔡明勋说："听年轻人这样讲，真想掏些钱给他。"

到了天水，休息了一天。隔天一早，蔡明勋又去张罗早餐，路上闻到很香的面香味，四处寻找，找到香气来处，原来是一对年轻夫妇在烤饼，一个三毛，两个六毛，只是简单的面粉加盐下去烤而已。蔡明勋买了两个回去，老师吃了一个，吃得津津有味。

然后，就去伏羲故里，参拜人祖庙。毓老师向庙的住持请教了很多东西，离开时毓老师对蔡明勋说："人祖庙，是人类的祖先，所以我们要来看！"蔡明勋后来回忆此事时，说："我们坐那么那么久的火车，唯一的目的，就是去拜人祖庙！"

隔一年，毓老师又问蔡明勋说："还要不要再跑？"毓老师看了伏羲庙之后，还想去看孔子故里、耶路撒冷和尼泊尔，他说："还想去看看几个圣人的地方。"但当时蔡明勋已经被很多事业的诸多事务绑住了，抽不开身陪老师去这些地方。毓老师的游兴也就此打住了。

蔡明勋现在回想，颇为懊恼，觉得当初应该放下一切事务，陪老师一同前往的。

师就拿张板凳坐在过道上，一路晃到新宾。当时新宾连间像样的宾馆、饭馆都没有，这才又通知新宾县政府设法解决住食问题。毓老师原以为厢房已经修建完成，于是问县政府派来为他做饭，但还不知道毓老师身份的厨师："是不是有位台湾的旗人捐款将果膳房修好了？"厨师答："没有，您老听谁说的？"老先生接着说："有啊！我听人说已经修好了。"厨师答："您老去看看就知道了。"

去到永陵一看，果真还没盖。一问之下，才知道捐款被吞没了，新宾县政府于是又赶紧拨款，重修厢房。但因事隔一年，物价上涨，预算追加到六十余万，毓老师又补上差额。在新宾期间，有一晚毓老师和张哥就住在永陵旁的警卫宿舍，为祖宗守陵。警卫宿舍极简陋，只有两张床，入夜后气温降低，只多准备了取暖用灯。

隔一年，一九九八年才全部完工。在此之前，毓老师曾特地请杭州名家做了一对石狮子，摆放在永陵大门（但实际上刻得并不好，除了尺寸太小之外，雕工也显粗糙。老师原有意再另做一对），希望下方刻有"礼烈裔孙金成偕台北奉元书院诸生恭献，一九九七年五月"。

毓老师主动捐款重修永陵一事传到政府高层，于是拨款修建新宾基础建设，铺马路、重修赫图阿拉城老城墙，进而带动新宾发展（因此可以说改革开放之后，新宾县的发展源于毓老师）。新宾县政府为了感谢毓老师重修永陵的心意及行动，特地让毓老师自行选择一块地，供作回乡居住之用，七十年无偿使用，并曾立下一纸契约："爱新觉罗·毓鋆先生：永陵是满族的故乡，您作为满族的后裔，虽身居异乡，却把爱倾注在故乡，为弘扬民族文化，做出了贡献。为表达家乡人民对您的感激之情，欢迎您回乡居住，永陵镇人民政府自愿将老城地藏寺东南十一点三亩土地的使用权馈赠给您，赠期为七十年，作为住宅建设用地。永陵镇人民政府。一九九七年九月二十六日。"毓老师在张哥陪同下，在地藏寺东南荒山野地中，亲自爬上山坡，四处察看，终于相中其中一块地。只是毓老师并非要拿来兴建私人住宅，而是要盖满学研究院暨满族博物馆。

一九九九年，满学研究院在世代修筑故宫的大连设计师徐德凝完成宫殿式设计图之后，便开始如火如荼兴建了。当初起建时，由当地官员负责监工，张哥则负责从台湾带钱飞到新宾去支付各期工程款。当时大陆还没有汇款渠道，美金和旅行支票，在当地银行汇兑需要一个月，因此都是张哥身怀巨款前往付现。有时张哥太忙，无法前往，就由阮品嘉帮忙去大陆送钱。过了一段时间，两岸才有了汇款渠道，张哥就不用带那么多现金前往了。

满学研究院原先的预算是六百万人民币，但因为毓老师坚持使用物料都要用最好的，于是预算一路追加，直到一千两百万人民币。

毓老师之所以有能力盖满学研究院，一方面是一生讲学所收的学费，另一方面则是帮助别人经商所得。一九九二年，学生龙静国（张哥说其为人热情、广交游、英文好、改入美籍，当初毓老师让张哥成立"夏学社"刊印古籍，就是龙静国负责总经销，到处展览销售，帮助毓老师很多，也很顺服毓老师），在毓老师的帮助下，于海南岛成立锯片公司。锯片是切割工具，镶有人工钻石。锯片公司经过两年的买卖经营，赚了上亿元台币，龙静国取了十分之一的利润，一千万，回报给毓老师。

一九九五年，毓老师又命张哥与德国厂商合作，由中国官方投资，协助德国厂商在河北省保定市、涿州市设厂，生产人工钻石，并从美国聘请学生贾秉坤博士（UCLA核子工程系毕业）回到台湾，转往大陆保定、涿州协助设厂事宜，贾秉坤更和张哥同到德国汉堡学习设计厂房事宜一个月（后来贾秉坤因故离开，并未参与实际建厂）。张哥回来之后，便成立中国人工钻石制造厂，从一九九五到一九九七年顺利完成设厂，并将工厂转交给中国及德国共同经营，德国厂商为感谢毓老师的大力相助，特地赠与五十万马克（约一千万台币），作为谢酬。

毓老师便用这得来的两千万，加上一生教书所得，从一九九九年开始投入兴建满学研究院，直到二〇〇一年完工，耗费一千两百万人民币（约六千万台币），一生积蓄，为之一空。

新宾县政府为感谢毓老师特地于馆内勒石镌诗，诗云：
故都赫城湖正东，祖肇堂雅气恢弘，建州赤子怀故里，
觉罗后裔眷乡情，慎终追远缅先祖，
鉴往知来识前清，龙兴之地话今古，毓老功德誉世铭。
　　　　赫图阿拉城文物管理所　二〇〇二年九月一日

二〇〇三年，毓老师回到新宾，看到永陵厢房修妥，满族博物馆暨满学研究院建成，非常开心，认为是此生最大的成就之一。

二〇〇四年，永陵作为明清皇家陵寝的扩展项目盛京三陵之一成为世界文化遗产。毓老师非常开心，用老人家的话说就是："得了金牌奖！"

毓老师作为努尔哈赤的嫡传子孙，满族的一分子，为祖陵、为满族文化尽一份心力，全都是慎终追远，珍惜自身文化的表现。他老人家上课常说的，孝亲追远，都不是空口说说而已，而

是全部付诸实践。毓老师为了传承文化，不惜将一生钱财悉数捐出，一分一毫不剩，甚至满学研究院后期工程款项不断增加，毓老师已经没钱了，还抵押了现今的住宅，以取得银行贷款，持续投入，这都是毓老师"无私"的表现。他老人家于王府内出生，享受过繁华富贵；后来又流离失所，亦曾体验穷苦酸辛。但他终究看破转眼成空的功名富贵，晚年将钱财悉数散尽，用于修祖陵，起建满学研究院，如果毓老师还能多活十年，他还想要盖养老院和华夏学苑。毓老师一生来去孑然，用亲身行动来告诉学生和所有人，钱并非只拿来死守，而是可以用于成就文化，孝亲追远。毓老师的文化精神势必永传之外，他还用有形的钱财留下了一座研究院与博物馆，那不光只是一座建筑而已，里头还有更多更多无形的东西，持续产生着难以言说的意义。

第二篇 | 望之俨然：
毓老的生活哲学

毓老师的微言要道

毓老师晚年（指九十五岁之后）上课与早年上课大不相同，早年着重各部经书、子书之文句的细部讲解，晚年以专讲各种"微言""要道"为主。晚年上课时更经常说许多期勉之语。从这些期勉之语，着实很能窥见毓老师晚年之心境、愿望与一生之坚持。因此特摘录于后。

如讲实学之重要。毓老师说："天天我说：燃眉之急。我要提醒你们，我每次开始就提醒你们——实学。我们这个班，专要造就领袖人才，不一定要当官，造就各种行业各类专业的领袖，不是说——行行出状元！"

毓老师期望学生能好好利用时间读书，经常叮咛："老师永远在看书，习惯了，停也停不下来，散步时也在脑海里回味回味。我急，是来日无多；你们急，是书太多。你们怎么那么大方,不在意时光!好好为学,不要浪费时间,给人间存精华。人一无所得,就空活了一生。谁利用时间多,谁就成功多,没读几本书,就要成名?历代都有《艺文志》,要写进史书多么难!但这些书而今安在哉?有谁记得几本?千万不要以为写两本书就留名了,只怕还没签完名就绝版了。人只有自欺,绝欺不了人。老师还有几年活,绝不浪费时间,不和外面人打交道,也不接触记者,要变成专学,才能深入。——多少人做学问,都是逢场作戏。又有多少人不懂得从根上做学问,想从中间插队。——清朝有文字狱,才兴起'考据学'!"

毓老师上课时提起读书的目的,是这样说:"我希望再健康几年,好好陪你们一段。真的是最后一班学生了。你们这点学问,也比不上宫女,古代没有经过准许,宫女和太监都不许认字!你们如果只为了吃饭,那就不要读书了,读书是最不容易的事,最辛苦的路,要把书读明白,比登天还难。读书,是为了'明理',做人有做人的道理,修身有修身的道理。书,要能用,(从前)有用的书都教过了;现在什么书,都打动不了你们,学什么都没用。读书,不明所以,和读《大悲咒》不是一样吗?《大悲咒》,每天念二十一遍,念多可以念七七四十九遍,你要发疯,整日念也可以。"

毓老师又讲经书的作用,说:"经书不讲玄学、哲学,完全是解决人与人之间的事,国与国之间的事,更要解决天下事。熊(十力)先生说,秦以后都是'奴儒'之作。先秦还有言论自由,秦以后就没有了,秦汉时,孔学就已经消失了。入圣庙者,哪个不是'名奴儒'?——你们同学个个都是入圣庙的材料,因为对啥都没反应;不用禅也很定心,因为不行动!"

毓老师讲"学生"的真实意涵:"学,就是觉。觉,知也,自知也。觉，也是效，'君子怀刑'，怀孔子之形，就是效孔子之形。知行合一才叫学。学生，是要学'生存之道'和'生民之术'。学生，就得学'生下去'，覆巢之下，焉有完卵？你们为什么笨？因为没有人教你们用脑子。我无所惧，惧的是你们脑子'空固力'！"

毓老师讲读书人的责任，是这样说："读书人的责任在何处？国家的高级知识分子，必须知道自己的责任——一技在身，治国安邦，使国治而天下平。天下事，说得容易，做得难。实行的结果，就是善德与恶德。得了个博士，就是得了饭票，然后你混我，我混你。学位，不是巩固饭票，而是责任加深了。稍微用点心，都知道人的责任！"

毓老师讲人品的重要，说："人最重要的是人品。我是情报出身，交朋友先看品德。中国人如何定朋友，你们好好看看《管子》。不忠的人，什么都不能做！"也讲用人之法，说："用人是用其长处，我们一讲人就讲其短处，这是我们的短处。找人专找万能之人，此谓不知人。"

毓老师讲锻炼自己的方法，先说立志："人必得自己发愤，靠别人没有力量。人就是志的坚持，穷也可办事。有大志，就做大事业；没大志，就做专业。志，不是空的；去做才叫志，空想只是妄想。要有志，必得深入，否则一事无成；没有志，不要做，亏待自己一辈子。"然后是练习口才："好好练说话，词能达意，要有中气。人没有阳刚之气，娘娘腔能谈判吗？口才不好，少说话，再笨的人也要藏拙。说出口，别人就有机会破解你；不说出口，别人不知虚实。"又说必须学习外语："学好外国语，要和他们的知识分子一样好，才能使他们接受中国文化。老师什么话都学过，历史上讲的浑蛋，我都见过。"最后还要练习写文章:"写文章必得天天练,必要有文气,文章,辞达而已矣。以你们写的信能追到女朋友,真是奇迹!"

毓老讲如何能够度过灾难,说:"中国学问就懂得度灾难,老师就在屋里坐六十年,别人说我:'老谋深算,诡计多端!'一个人在台湾,保存到今天,不容易啊。要养成事的精神,不可以投机取巧,不忠不孝。好好努力,为台湾幸福而努力。别人失策,你的策呢?有空读小说,为什么不读《战国策》?太平宰相容易做,乱世英雄难起。乱世才能看练达。曾文正公,其时战火连天,还与幕僚弈棋,养镇定功夫。文人不怕天下乱,乱世展长才,将军还怕打仗吗?学文的人就是要面对乱世,只怕没智慧,不怕天下乱。"

毓老师又说必须懂得防备人,就提起一件趣事:"老师散步到'三军总医院'旁眷村,有人问:'老先生读过中国书吗?'我答:'没有,我不识字。'又问:'信基督教吗?''我想上极乐世界!'对方说:'那是迷信!'我说:'不迷信能糊涂吗?'"

毓老师又说应该怎样待人,说:"过年时,学生回来拜年,海外的也回来,都是三十年的学生,替我跑腿的都是三十年以上的学生啊。没有德,办得到吗?"

毓老师讲如何才能成功,说:"成功的人是突破障碍的人,做任何事先想失败该如何处理。不是没开始做就开始做梦,见缝就钻洞,挫折一到就受不了,一看不会成功就放弃了。贪功喜誉,绝不会成功,遇到难题,要事先准备,临渴掘井也没有办法。没有不可能之事,就是不肯为。成功、快乐和荣誉要留给别人。事业成功,没有白得的,必得努力,努力先树德。"

而毓老师最常感叹的就是:"完成文化使命的人太少。"

毓老师讲养生之道

《世说新语·规箴》记载，庐山东林寺住持慧远法师，年纪老大了，仍旧讲论佛经不辍，遇有弟子怠惰者，便告诫说："桑榆之光，理无远照；但愿朝阳之晖，与时并明耳。"（白话是：我已经像照在桑树、榆树的落日余晖，依理是不可能长久遍照；但愿你们都像早晨的阳光，随着时间越来越明亮啊。）然后执经登坐，讽诵，辞色甚苦。门徒高足，皆肃然增敬。

每回看这故事，就让人联想起毓老师。毓老师一百岁时，仍旧登坛授课，每周三次，连讲两个小时，中间不休息。毓老师当时的岁数远比慧远法师年长多了，丝毫没有"辞色甚苦"的模样，上课时声若洪钟，抑扬顿挫，铿锵有力。脸色红润，意态自若，讲到慷慨处，声调斩钉截铁，目光炯炯似火。不用"辞色甚苦"，学生皆已"肃然起敬"。但他还是有和慧远一样的时候，毕竟年纪太大了，毓老师常说："上课时很有精神，但下课后就感到疲累，御医说我没病，就是老了。"

毓老师时常叮咛学生："养生很重要。学生，就是学生存，学生民之道。"我到奉元书院上课时，毓老师已经九十八岁，当时因水灾漫溢，空气传播病毒，染上肠炎，上吐下泻，完全不能吃饭，过了好几天后才开始吃硬馒头，就来给学生上课。毓老师上课开头便说："你们一定要小心，维生维生。"然后回忆起自己一生过程，从没想过能活到今天、能这么长寿。年轻时，是情报出身，每天和敌人奋斗，早上出门，晚上能不能回家都不知道。接着说："生死有天命，非人力所能强求。年轻时在日本生病，得了肺病，当时是绝症，结果没死。十五年前，得了胃癌。医师是宋瑞楼，第一个医生院士，吴伯雄的亲姊夫，说：'非开刀不可，但是年龄太大，开刀很危险。'我问：'不开刀呢？''不开刀更危险。''那就开刀啊！'现在没有胃，活到今年十五年了，别人好奇地问：'怎么维持的？'我出院之后就没有躺下过，没有床，不用被子，每天打坐。——提醒你们，养生之道。"毓老师又说，两年前差点过去了，结果又活到现在，现在得了肠炎，又好了一些。"你们听我声音，还是这样大，就是气不足了，不过再活十年没有问题。"

后来有一回从医院回来，医生告诫："不能再这么累，否则活不过三年！"毓老师笑说："还想活十年，折了七年。"又有一次，从医院回来，毓老师很生气，说："从今以后不上医院，医生太啰唆，劝老师多休息，我说：'以后永远休息！'"然后语重心长地对我们说："我就怕你们没智慧啊！"

毓老师常说："养生很重要！大家必得养生，养生必得从正心开始！"又说十三岁到日本留学，开始学习怎样过日本生活，当时距离死（指出生）没有十三年。每天早晨醒过来，跪坐在榻榻米上，对着一张小桌，桌子是白木头制成。七十岁的老先生来，坐在中间，要大家先静坐几分钟，说："把自心整理整理！""身心喔，严肃你自己的身心！"接着再说："眼睛不要看，把心神交给我！"然后唱日本歌（毓老师笑说日本歌都像发神经），做完了这套仪式，才开始吃早餐，和中国不太一样。吃完饭，必须将小壶里的茶水倒入碗中，冲洗饭碗之后，喝下。

毓老师格外强调严肃生活、正心诚意，常引《庄子》的话："嗜欲深，天机浅。"老师出身皇族，享受过荣华富贵、炊金馔玉。曾说全天下最好的东西全上贡给朝廷，皇族有什么好东西没见过，没吃过，没用过！皇族里的饮食，连刀工都讲究，牛肉切不对纹路，就没法儿吃，"割不正，不食"，你们切的红萝卜，是给兔子给猪吃的。豆腐得切成一万条，才叫刀工。毓老师到了日本之后，才开始学吃生鱼片、味噌和喝啤酒。但来到中国台湾后，隐姓埋名，把物质欲降到最低，民国三十六年（1947）初到台东时，跑遍台东各乡村，兰屿和绿岛都去过了，连续吃了三年甘薯，从没见过薪水包，薪水一下来就买了白油、猪油加工，油渣子煮甘薯叶，就这样过年。当时一个人吃饱，全家不饿。开刀前，是三个馒头，开刀后，胃没了，一个半馒头就可以过一天。毓老师常常鼓励学生，学文的人不要悲秋，虽然不一定有钱，但一定精神富足。欲望少了，精神自然富足，才是真正的快乐。

毓老师信奉佛教，完全是出于孝亲之意，因为太师母只有毓老师一个儿子，太师母曾对他说："你必得依我们的信仰。"毓老师谨遵母命，就信佛了。毓老师曾笑说，他是二宝弟子，佛法僧三宝，他只信佛和法，不信僧。但他又很认真地说："信仰就是信仰,既信也得仰,人必须严肃自己。我自己的做法,就是不扰乱心思,只要以后能看见父母,不管地狱还是天堂,我都一路去,所以信得很认真。"毓老师信佛,但特别强调佛教可以当信仰,却不是治国平天下之道。

毓老师谈养生特别注重"饮食","最难的就是口欲,不能吃的东西,老师绝对不吃。'病从口入,祸从口出'"。又说:"老师过的是原始人的生活,吃青菜,没虫子咬,绝不吃;洋玩意儿,不吃,防腐剂是最可怕的东西;不喝没烧开的水。"又说:"家规禁酒、禁赌、三代不纳妾,老太婆是舅舅的女儿,老师一个人在台湾五十几年,到现在还找不到美女,都比不上我们家黄面老太婆。"饮食之中,也强调礼节。"吃有一定吃相、有一定礼仪。说话也是。一怠慢还能成大事?要成就大人,必先塑造自己。一个人是造就自己,而不是造就别人。一个人有英雄志,必得有英雄的威仪。"

注重饮食之外,又注重运动与用脑,毓老师每天早晨散步,一定在巷弄间走两个小时,前一个小时必定只用脚尖走路(并且每天以手叩齿一百下)。毓老师曾说他无时无刻不在读书,因为"四书五经"都背在脑子里,散步时就温习温习,说:"这不就是'学而时习之'!老师这么大年纪,要不讲课半年,必定痴呆。"

养生有道,天命无常。养生,操之在人;保全与否,操之在天。毓老师曾说:"人生最难就是一死啊!'知进退存亡而不失其正,其唯圣人乎?'人到该死的时候就该死,许多人是该死而不死。"然后便提到宣统皇帝,说他如果知存知亡,何以招惹几十年的苦?癌症要死时,还告诉医生:"你一定要救我!"死的时候怕死,就是亡而失其正!老师最后话锋一转,语速放缓,深情地说："但不管怎样，他都是我的皇上啊！"

综观毓老师养生之道，动以散步，静以打坐，神思以背诵温习、登坛讲课，行以守贞养德，戒以口腹之欲，通达以知存亡而不失其正者。

毓老师曾说："熊老夫子（十力）活一百零二岁，蒋宋美龄一百零六岁，好好比赛啊！"毓老师就在一百零六岁这一年，于打坐了二十余年的自宅，坐化蝉蜕而去。去世前曾对我们说："我希望还能健康，好好再陪你们一段，你们真的是最后一班学生了，要把书读明白，比登天还难。"

毓老师故去之后，我一直回忆他在说完这些话之后，又接着说了两句话："儒学人物没有比我更长寿的了，我到今天还很有劲！"这是毓老师磅礴的生命力，淋漓畅旺，由内而外，自始至终，既博大，又长久，曾经在一百零六年的时间之中激荡喷发，日后也会在经历一百零六年之后继续激荡喷发。

或许，这也是毓老师的另一种独特的养生方式——慧命相续，薪火不息。

毓老师的艺术与文章

一、书　法

　　毓老师遗留下的墨宝极少，此书能搜集到的仅有六件：行书尺牍一件、楷体作品四幅（唐楷条幅一、魏碑条幅一、唐楷横额一、唐楷对联一、魏碑对联各一）。此件行书尺牍（见111页图），真迹现存我处，乃昔年撰写《毓老真精神》，学长徐茂玮先生见报纸刊载文章之后，特地专程送来转赠予我。徐学长云："你比我更有资格拥有它！"徐学长乃政大哲学系毕业，尺牍在他手中收藏近四十年，承他厚爱转赠，一时如获至宝。（有学生曾将网络上的信札印成图片呈毓老师看，毓老看完之后说："能保存那么久，足见是有心人！"）

　　此件书迹，秀雅含韵，自然流利，风神仿若溥心畬，筋力虽

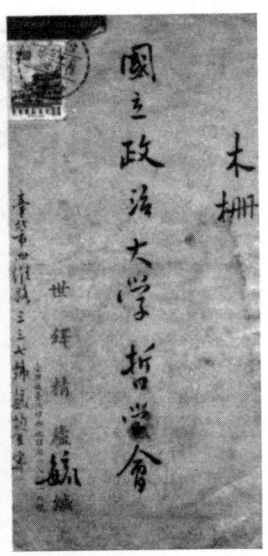

左图为毓老师行书尺牍真迹　右图为毓老师尺牍信封　　　　作者摄

略输一筹,然从容大雅之态,则有过之而无不及。较诸古人,亦毫无愧色,甚是佳作。

尺牍内文为:"鋆鲁拙无状,读书不多,忝寄儒林,素以三事自惕(不为文,不讲演,不写碑铭序跋),恐巧博名闻,而误来者。违应丕命,有负诸君子之雅望,歉甚。敬复政大哲学会。毓鋆拜启。十一月卅日。"信文遣词骈俪典雅,音韵铿锵有力。内容为回绝政大哲学会的演讲邀约,口气虽谦卑有致,然对自己所坚持之立场,如不做应酬文章、不讲表演性质的讲演,毫不退让。——我曾亲闻毓老师上课时说过:"从未到学院演讲,讲一次,必得到处讲,最浪费时间,是没有价值的事。"此坚持,一晃眼即五十余年。

观赏此件尺牍,可略窥毓老师坚毅之性情于一斑也。

毓老书魏碑对联　　　张景兴提供，作者翻摄

此对联（见上图）为毓老师初到台湾，首幅赠人之字。往昔书院上课时，毓老师曾特地从原持有者处借回，拍照，并取出让学生观赏。毓老师趁此难得机会，问学生，这副对联是用什么书体写的。当时我大声回答："魏碑！"毓老师听罢，点头称对，神情颇为开心。

此副对联为"虚心竹有垂头叶，傲世梅无仰面花"，改自郑板桥所撰对联"虚心竹有低头叶，傲骨梅无仰面花"，意思为竹子内心谦逊，表现于外则为低头之叶；梅花经冬不凋高傲不屈，却不开绽仰面之花，此联以物喻人，托物言志，人亦应当学竹之谦逊低头待人，学梅花之傲骨却不仰人鼻息或自恃孤高。毓老师特别将"傲骨"改成"傲世"，由自身之傲骨（对内）扩大为对世之傲骨（对外），其胸襟、节操之大，便可想见。

此联字体骨硬刚直，与联语内涵相互呼应，有《始平公造像记》[1]与《张猛龙碑》[2]之形意，上款、落款小字亦全作碑体，全副有古朴之美，唯一险劲有余而略病于天然。

此条幅（见下图左）乃一九六八年为"中国文化学院"哲学系第二届毕业生所写，载于《中国文化学院哲学系通讯录》（1968年4月）。原文为《易经·乾卦·彖辞》："大明始终，六位时成，时乘六龙以御天。乾道变化，各正性命，保合大和，乃利贞。首出庶物，万国咸宁。"毓老师讲学特重"时"，可见从早期讲学到晚年都是一贯。此件书作，只钤印，未落款，与上幅作品同为魏耿体，骨硬耿直，是同期作品。

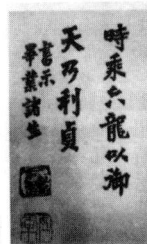 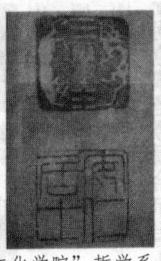 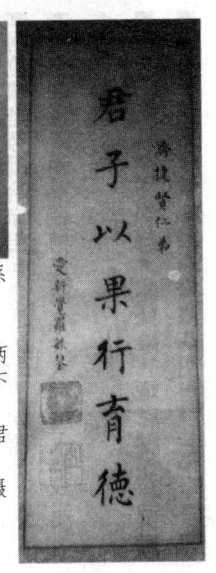

左图为"中国文化学院"哲学系第二届毕业生所写条幅
中图落款上钤印为毓鋆
四边为天地龙虎，上下为乾坤两卦象，左右为青龙白虎肖像，下钤印为安仁居士
右图为毓老师为李济捷题写"君子以果行育德"
李济捷、陈文昌提供，作者翻摄

---

[1] 《始平公造像记》，为北魏洛阳龙门石窟造像的题记，清乾隆年间始被发现，受到书坛重视，列入"龙门二十品"，此碑文方笔斩截，笔画折处重顿方勒，结体扁方紧密，点画厚重饱满，锋芒毕露，雄峻非凡，被推为魏碑刚健风格代表。

[2] 《张猛龙碑》为北魏刻石精品，用笔以方笔为主，兼施圆笔，结字中宫紧收，四面开张呈放射状，线条变化多端，历代名家对此碑可谓推崇备至。

毓老师自书楷体联语　　张景兴提供，作者翻摄

此件楷书条幅（见113页右图），乃毓老师写赠文化大学哲学系学生李济捷（现存其处），"君子以果行育德"，出自《易经·蒙卦·大象传》，意为"君子以果决之实践来培养道德"。除此之外，尚另有深意，因原文为"山下出泉，蒙，君子以果行育德"。山下出泉，取意涓涓细流，然广大之江海莫不始于此也，故有鼓励初生犊儿努力实践之意。毓老师上课亦格外看重《易经·蒙卦》，《易经·乾卦·彖辞》有"蒙以养正，圣功也"。乃因开蒙果行，养正育德，都是成就圣功之要道。

此件条幅用笔谨敬，笔法成熟，字体结构多取自成亲王之痕迹。（成亲王为乾隆皇帝第十一子永瑆，广学晋、唐、宋、明各书家之体，完成其端正清丽、劲俏流畅风格。毓老师出身皇室宗族，书学从成亲王入手，深受其影响便可想见。）

此（见上图）为毓老师自撰联语，"以夏学奥质，寻拯世真

为辽宁抚顺新宾县地藏寺撰写匾额
张景兴提供,作者翻摄

文",是毓老师后半生讲学之关键处,"阐明夏学""寻而不作""拯世",即毓老师讲学之大纲大要。此堂中对联,以颜真卿字体写成,端正雄强力道饱满,有清人颜书之迹。唯其中"拯"字捺笔燕尾略显刻意。(对联中之图为旧拓本唐吴道子所画孔子像。)

此件横额(见上图)乃毓老师为"地藏寺"所写。地藏寺位于辽宁省抚顺市新宾县赫图阿拉城,寺中供奉地藏菩萨,因以为寺名。赫图阿拉城是努尔哈赤起兵之地,即清朝龙兴之地。地藏寺为努尔哈赤所建,大清王朝第一个家庙,清朝皇帝曾先后十一次拜谒永陵祭祖,同时造临地藏寺。换言之,此庙即毓老师家庙。

地藏寺毁于日俄战争(1904-1905),一九九八年重建。重建时,毓老师正好又回新宾,修妥永陵的果膳房及门口的一对石狮,获得新宾县政府无偿使用土地七十年,开始着手兴建满学研究院。基地就在地藏寺东南方,毓老师进家庙祭拜,受嘱题写匾额。

"地藏寺"三个大楷字,有柳公权之劲而无其险,虽经木刻但端庄渊静犹历历可感也。毓老师以九三高龄犹能作如此字,尤足钦哉。

以上六件书品，可见毓老师书艺禀赋，帖碑并学，各臻妙境。

二、画

毓老师曾云，画画功夫乃学自修颐和园之画工。其画作，今日得见只剩观音像两尊（各绘千幅）、灵山法会一幅。观音画像，全以墨笔作画；灵山法会则施以彩绘。

一九七八年（岁次戊午），毓老师发愿敬绘观音大士像千幅，借以怀念已故双亲。最终以十年之力完成此事。

此画（见117页图）为毓老师临摹唐代画圣吴道子《观音像》而略有不同。主体为观音大士，赤足履祥云，双手交垂，两目慈祥向前凝望，既慈祥，又庄严。毓老师特地以粗犷折笔勾勒观音大士之衣衫头巾，线条如画树枝瘤结（与吴道子之圆笔柔润甚不相同）；却以细笔勾勒脸、手、足，线条柔美细腻。粗细相济，让人直觉，形象穿着虽是入世的庶人的粗布，却完全无妨于其肉身为出世高贵之观音。（不免让人想起，毓老师于民国三十六年始到台东，曾入境随俗，全身穿着原住民衣物，实为同一思维。）

此画上拓以乾隆皇帝所书《心经》全文，左下方拓以毓老师题跋"天德侍者虔祈　双亲莲池升座，沐手馨香恭绘　大士法相千尊，赍众供养，广结善缘，咸沾法雨，度一切苦厄。戊午正月既望"。左下方钤有"毓鋆"（此印左右为青龙白虎肖形章）及"安仁居士"两印，右上角则钤"以夏学奥质，寻拯世真文"，右下角则钤"八十之后作"两印。

第二幅（见118页图）为毓老师绘《鳌鱼观音像》。此画主

左上图 吴道子观音像
左下图 毓老师画的观世音菩萨脸部特写，头髻前为阿弥陀佛像
右图 毓老师画观音像
　　　　　　　　　　　　　　　　　　　张景兴提供，作者翻摄

毓老师绘《鳌鱼观音像》　　张景兴提供，作者翻摄

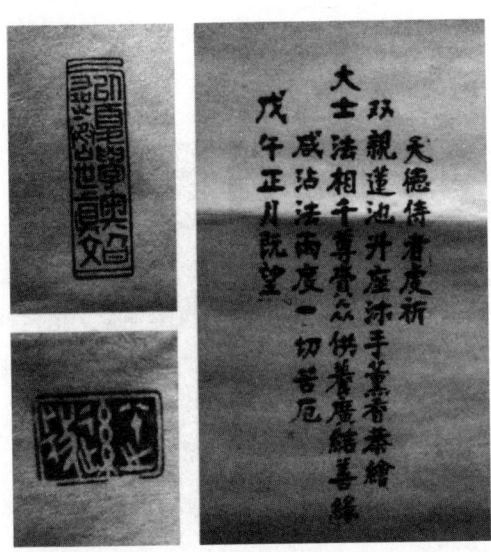

左上图　以夏学奥旨　寻拯世真文
左下图　"八十之后作"章
右图　　毓老师落款为钢板拓成　　张景兴提供,作者翻摄

体为观音,双脚履鳌鱼背,航行于汪洋波浪之间。佛理认为人世"苦海无边",观音脚踏鳌鱼航于波浪之间,即有拔救众生出离茫茫苦海之意。画正上方仍拓有乾隆御笔《心经》,右下方则钤有"毓鋆""安仁居士"两印,左下角钤有"四十四年间经二帝五朝八雄十代""八十之后作"两印。

鳌鱼观音,自古即有两种传说:其一为远古大地为浮动状态,乃由鳌鱼驮负,若鳌鱼翻动,则地震海覆,为人类带来灾难。观音菩萨为除灾难,双脚踩定鳌鱼,不使翻动,镇安人间。其二为鳌鱼自海中蹿到陆地上,吃猪羊牛狗,亦吃人,人恒以为患,却无计可施。观音菩萨闻悉,寻得万绺蚕丝编成钓绳,并将手中之净瓶中的杨柳削成九个倒钩,再用沙滩泥块捏成人形,藏钩于泥人,作为钓饵。鳌鱼见人饵,即张口吞噬,中钩,脱逃无术,苦不可言,遂被观音降伏,成为坐骑。

毓老师的两尊观音像,恰好各自运用了中国传统人物画衣服褶纹的两种不同表现方式:"曹衣出水,吴带当风"。"曹衣出水"指的是,用笔刚劲稠叠,所画人物的衣衫紧贴身上,犹如刚从水中出来一般;"吴带当风"则是用笔圆转飘逸,所绘人物衣带宛若迎风飘曳之状。(曹、吴之说有两种,一指曹仲达、吴道子;另指曹不兴、吴暕。皆为画家。)毓老师《鳌鱼观音像》即用"吴带当风"的笔法,上一幅观音像则明显采用"曹衣出水"的笔法。

此幅观音像衣衫飘动,面容温和慈祥,鳌鱼怒目搏动,近处水波翻涌,皆栩栩如生。同时亦动与静、怒与祥和,完全收摄于同一画中。

此画(见121页图)为毓老师应佛教僧友所托而绘。"灵山法会"系释迦牟尼佛于王舍城耆阇崛山(即灵鹫山,简称灵山)为大众(菩萨、天王、比丘、比丘尼、优婆塞、优婆夷、天龙、夜叉、干闼婆、阿修罗、迦楼罗、紧那罗、摩侯罗伽、人非人,及诸小王、转轮圣王)宣讲《法华经》。《妙法莲华经·序品第一》描绘当时景况为:"尔时世尊,四众围绕,供养、恭敬、尊重、赞叹。"此画正中即画释迦牟尼佛结跏趺坐,四众围绕之景(是诸大众,得未曾有,欢喜合掌,一心观佛)。

此画构图由上而下可分成三区域,释迦牟尼佛坐于下方三分之一处,大众以同心圆状围绕释迦牟尼佛,画面上方三分之二处有六株树木三三对立,更加凸显出主宾之分明(释迦牟尼佛与大众)。此图所绘人物形象约有八十人,面目、姿态各异,活灵活

毓老师绘《灵山法会》　　　　张景兴提供，作者翻摄

现，用色饱和、明亮，更加凸显了欢喜情状（闻法喜）。

三、文 章

毓老师的文章极少见，早年书稿似已付诸一炬，晚年则遵循"寻而不作"，因此传世文章绝少。如今余存者，仅寥寥数篇题画跋语、刊经序文而已。

一九七六年，毓老师让义子张哥成立夏学社，尊母命刊印经籍，以广圣学、兴治艺，曾刊印过《御批历代通鉴辑览》《〈易经〉来注图解》《〈资治通鉴〉读法》《清初三大疑案考究》《辛斋易学》《复性书院讲录》等书。

其中《〈易经〉来注图解》，特标"慈恩本"，乃毓老师尊母亲之命而刊经籍，故前有一序文，为毓老师所作，文曰：

> 仁丐遁者行年七十又一，恭上　慈亲九秩晋一千秋。遵　母命刊经籍、广圣学、兴治艺。丙辰正月既望之吉。

丙辰年，即一九七六年。

另在一九八六年（岁次丙寅）九月（菊月）十六日（既望），毓老师为怀念已故双亲，以数年时间敬绘千幅观音大士像，又舍园（静园）为庙（人祖羲皇庙），同时刊印《妙法莲华经》。印成佛经，毓老师特撰一序文缀于书首。文曰：

> 观音大士随声救苦，普引道俗，皈命西方极乐世界阿弥陀佛。长白毓鋆，以念亲故，示入诸相，敬发愿

心，具严绘事，造相千尊，数载圆满，以荐　父母冥福。于丙寅新正既望，恭上　先妣钮祜禄氏太夫人百寿千秋，并祈　先考礼惇公莲池升座，设供于燕子湖畔印月禅寺，鋈拜手稽首而献众供养。结缘刊经，处处般若。见闻随喜悉成佛，不择人天与虫鸟；一念慈悲是西方，众善奉行即净土。愿我先　父母与一切众生，在处为西方，所遇皆极乐；人人无量寿，无往亦无来；同证无上，永不退转。

愿以此功德，普及有情类；我等与众生，皆共入佛位。

造像刊经，舍园为庙，镂鼎馨香，虔报罔极。
夏历丙寅菊月上浣日于古咏齮轩
不孝金成率媳钮祜禄氏跪上　幸托恩庇　同值耋龄

此二篇序文，为毓老师仅存见之文章也。

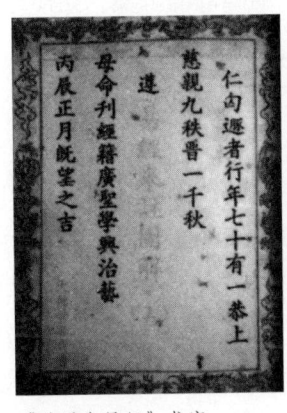

《慈恩本易经》书序

毓老师刊印《法华经》之序文
张景兴提供，作者翻摄

毓老师的儿孙乐

毓老师仪形伟岸,顾盼炜如,言行举止自有一股凛然的清爽神气。因此,一般学生只敢安于书院静静听课,即使较为亲近者亦只是恭敬侍立,绝不敢任意发言或轻妄举动,更无敢出言顶撞者。但却有例外,那是毓老师上课经常提及的义孙、义孙女——张哥的一对儿女。

毓老师教导这对孙子,从小学就教他们翻查《大汉和辞典》(不用《中文大辞典》,因为那是毓老师友人张其昀找大量研究生翻译《大汉和辞典》而成,错误颇多),长大后再教读《黄帝内经》,要求全部背诵。孙子问:"一定要背下来吗?"毓老师说:"不背下来,能玩味吗?教你们读书,是为你们以后生活!"孙子反驳说:"生活好,不用读书!"小孙女也跟着抱怨:"我不要读了,这么难!我怎么这么倒霉,生在这种家

毓老师与义孙的合影　　　　张景兴提供，作者翻摄

庭！"毓老师上课转述给学生听时，就说："你们来上课，受我气，但能得到功夫；我上楼，受孙子气——这是报应！"

有一回毓老师在前晚刚看过医生，医生特别嘱咐："不能再这么累（指上课劳累），否则活不过三年！"毓老师上课就自嘲："我还想活十年，结果折了七年。"接着又说："孙女刚刚见我又要下楼上课，就说：'现在爷爷有出气的地方了！'接着又劝：'爷爷，你少说点话！'我就问：'为什么？'孙女说：'话太多了！'我说：'多病几天？早死亡？'孙女还嘴：'还没到那种程度！'"

毓老师上课常这样说："孙儿看我高兴，准要气我一顿。"例如有一回孙女看爷爷年纪这么大了，还天天忙碌，就笑说："少壮不努力。"毓老师说："下一句呢？"孙女说："不知道！"毓老师上课又转述给学生听时，笑着说："我要不糊涂，必气死！我对孙女说，怎么不说：'年纪这么大，还比我们用功！'"接着便趁此机会教育学生，说："咱们得见景生智，不是见景只会生情，要练习智慧，才是外交家，三百年清朝只出一个外交家曾纪泽，你们追女友不是足智多谋吗？所以我有工夫就和小孙子斗斗气。"又有一回，毓老师让孙子写以后的志愿，特别说明，妄想都可以写，结果孙女写出的志愿是"台大门前摆地摊"！毓老师就说："将来不知道哪个小子倒霉！"孙女又改写"钢管女郎"！毓老师就说："不堪入目！"上课时又转述给学生听，说："如果有斗智的机会，都要掌握，活的斗智就是辩论，不是'不辩不明'吗？"又有一次孙女见毓老师正在整理打包东西，孙女好奇，问要做什么，毓老师便答："准备卖宝贝、找女朋友、另立新房！"孙女马上就说："门儿都没有！"

又有一次，孙子见毓老师的《四书》课本破旧，就说："爷爷，这本书可以丢了！"毓老师对孙子说："这部书让爷爷赚多少钱，人不能薄情无义！"毓老师上课时便高举已经破旧的《四书》课本，感叹地说："这本书多旧了，都舍不得丢，因为有感情啊！"

毓老师给小孙子讲书，孙子问毓老师："爷爷，我们遇着事需要想那么多吗？"毓老师答："那你追女朋友需不需要想那么多？你将来遇到事都像追女朋友一样，肯定都会成功！"再有一次，孙子不想听书，反说："爷爷，我给你说点你不懂的。"毓老师说："不要！"孙子居然回答："落六！"毓老师上课就笑着说："不是落伍，是落六！孙子不听，我只好在你们这里摆威仪。"

有一回，孙子对毓老师说："爷爷，你怎么眼睛一年比一年小？"毓老师就说："你怎么净看别人毛病？不看爷爷美的地方，例如爷爷皮肤多好，不显老！"毓老师上课时讲完此事，便特别提醒："伪君子就产生在这里！"

毓老师曾向孙子提出学电脑的要求，孙子笑说："爷爷头脑够了，不用学了！"也曾向孙女请教如何搭捷运，孙女开玩笑说："那得开班讲习！"

毓老师上课时曾提过，说大弟子给人看风水，客户千托万请找到毓老师，表明："只要点个穴，不论多少钱！"毓老师说："我如果能，会住破屋子吗？有风水，也是风水找人，不是人找风水。清朝不会看风水，当了皇帝；等会看风水，就亡了！"毓老师上课时转述此事，接着说："你们懂得什么叫作大智若愚？什么又叫作学真智慧了吗？看风水，我孙女就会，高一！人不能迷，一迷，就失真了！"

后来毓老师的孙子和孙女长大了，毓老师又常感叹："我年纪大了，舌头有些笨，讲话速度慢，孙子现在长大了，不太说真话了。"

毓老师上课偶然提到与孙子斗嘴斗气的事情，眉宇之间总流露出难得一见的慈祥神情，虽然全都是孙子们顶撞自己，一点儿都不礼貌的事儿，但毓老师并未生气，反倒当成一件开心的事情，有滋有味地反复说着。——当时我听到这些事情，觉得太有趣了，因此总是一字不漏地抄录下来。毓老师过世之后，我曾向张哥转述过几则，张哥听罢，哈哈大笑，然后他说了一个我从未想到的层面："那是老师享受天伦之乐！"——对啊！是天伦之乐！确实如此。毓老师六十多年孤身一人在台，虽有张哥陪侍身旁，但张哥和毓老师之间比较像是严父、严师对待儿子、徒弟一般。张哥曾说："四十多年来，老师跟我说话，我都是站着！"唯有两个孙子，才是毓老师亲自襁抱提携，于怀中打滚玩耍，并且还敢和毓老师抬杠顶嘴，这些都是寻常学生不敢也不可能做出的事情，就连张哥也不敢，但这两个孙子何其幸福，竟然能和毓老师如此亲密。——所以,当毓老师上课提及两个孙子种种冲撞的言行,虽然都像同他挑战一般,但如今看起来,竟全都充满甜蜜,里头有浓得化不开的深长绵密的祖孙情谊,而那些,全是外人完全无法理解的天伦之乐。

第三篇 | 不失其正：
看破世情惊破胆

毓老真精神

中文学界,很少有不认识毓老的。

我第一次到奉元书院听毓老师上课,即受大震撼。书院在某公寓地下室,入口有学生把门,负责进出。走下楼梯,迎面即可见早到的同学落座长条窄幅桌后,正安静地看着书。门左边有两名同学坐台负责点名,更左边些有一张大桌,即讲桌,上面铺有毛毯,桌前置有笔架和书籍数本。正对着整间教室,桌后有一张大椅,椅后有一方黑板,右上角留有两行字"以夏学奥质,寻拯世真文"。我选了离讲台最近的位置坐下,板凳极小,位置亦不大,三四人共一长桌显得有些拥挤,教室内约莫四五十人。七点一到,原在一楼把门的同学回到座位,不多时,忽听得教室后头通往一楼住家的楼梯间传来"咿啊"一声,木门旋开,同学全都移开板凳,霍地站起。只见毓老师身着青长袍,头戴蓝小帽,足蹬青布鞋，戴一黑框眼镜，须髯飘长若雪，精神矍铄地缓步走向台前，同学立刻鞠躬敬礼，坐定后，伸出右手上下挥动，说："坐！坐！"同学们才敢坐下。——我当时着迷于看《雍正皇朝》，直觉毓老师的举止气象简直就和焦晃所演的康熙皇帝一模一样。——但一听毓老师说话，感觉马上就又不同了。

毓老师当时已九十八岁，一开头便说："看破世情惊破胆，万般不与政事同。政治现实，好像一阵风，但是你有风可以刮动别人吗？你们必得要守人格、爱中国。中国人的思想是天下思想，半点迷信没有，平平整整是自我平天下之道，现在讲中国学问的全无学术生命！"忽又停住慷慨语调，问："你们看我今天精不精神？上个礼拜上吐下泻，到今天才开始吃硬馒头，就来给你们上课。"忽又语调变高，正声道："你们必得要锻炼自己，必得要成材，为这块土地谋点幸福，才不愧为文人。什么是文人？古曰文人，今日政治家，经天纬地谓之文！"然后又松缓语气说："你们看我这么精神，像生病吗？"接着毓老师便气足势壮地说讲起《易经》。

我当时所受的感动和震撼既巨大又复杂。一位九十八岁高龄的老先生抱着病体犹自精神奕奕讲学不辍，那么《论语》上所说"诲人不倦""乐以忘忧，不知老之将至云尔"的句子根本就不需要任何解释了，还有什么例子比眼前更为贴切？不讲求自身幸福而去图谋天下大利，乐以天下，忧以天下，这不正是古圣贤相与的责任与使命吗？还有什么比毓老师躬身实践薪火相传更为落实！而毓老师身上所散发的尊贵气息、风姿神采以及鼓荡丰沛的生命力，又经常让人忘了他已年近百岁，仿佛才只是四五十岁的壮年男子，正说着振聋发聩的话，要启人迷思、激人志气、鼓人发动。

毓老师当时每周讲课三次，比以前体力好时一周七日天天上课少些，周一讲《易经》，周四讲"四书"，周五讲《春秋》，上课时毓老师总是中气十足地讲论经文，月旦人物，批陈时事，逢上慷慨处，霍地一声响，覆掌击案，顿切激昂，兴味淋漓，极其精彩。听讲学生无一不正襟危坐，仔细抄写笔记，生怕漏抄一句，因为毓老师所说的每句话都像格言。奉元书院异常安静，除了毓老师的声音之外，只剩天花板上日光灯管发出的吱吱声。

毓老师讲书重实学，不尚空谈，他常说："学问没有作用，就不是学问。""有利于民生就是实学！""经书不讲玄学、哲学，完全是解决人与人、国与国之间的事，更要解决天下事。"

因此他特别注重修身，经常叮咛学生："注意！必得要成就自己，人最重要的是人格，以德为本，为政以德，没有成就，就是德不足。有德必有成、必有后。"修身有成，还要发挥影响力，对社会国家天下有所贡献。

毓老师讲经和寻常大学教授寻章摘句的考证解说自不相同，他讲经乃欲汲取其中智慧，供作实践，达臻修齐治平之域，故而讲经时总是钩玄提要，以经解经，贯通"六经"，不作支离破碎之论，如讲《易经》即重"通德类情"（通神明之德，类万物之情）"智周万物、道济天下""圣功""识时"之要义；讲《春秋》即申论"深明大义，居正一统""圣人者，贵除天下之患"之大义；讲《大学》即首揭"学大"，"唯天为大，唯尧则之，然人人皆可为尧舜，故人人皆可成大人，大人境界者何？与天地合其德，与日月合其明，与四时合其序，与鬼神合其吉凶，先天而天弗违，后天而奉天时"。讲《中庸》首揭"用中"，重视"致中和，天地位焉，万物育焉"的功夫；讲《史记》即重"贬天子、退诸侯、讨大夫"的史笔深意。总结之，毓老师讲学全在于"为天地立心，为生民立命，为往圣继绝学，为万世开太平"的气魄和志向上，而这些并非泛泛而论，都得从经典中汲取智慧与力量，实实在在付诸实践。

寻常人若仿毓老师说经，怕亦只能袭得其说，不能真得其神。毓老师的学问，并非空谈而来，而是真有一番惊天动地的实务历练。毓老师乃清朝皇族，源出礼亲王一脉。有清一朝，世袭罔替的铁帽子王共有十二位，出自礼王府即有三名。第一代礼亲王代善，乃清太祖努尔哈赤次子，战功彪炳，一片忠心，原有机会继承大统，却转支持皇太极即位，受封为和硕礼亲王。礼亲王一脉，从崇德元年（1636）至清帝逊位后三年（1914）共二百七十八年，历十代，传十五王，声势显赫，人才济济，宗族中绝无仅有，堪称"清代第一王"。毓老师生于光绪三十二年（1906），幼时入宫读书，受业于陈宝琛、王国维等名儒。七八岁时，太福晋（满语，亲王正室，即毓老师母亲）亲授四书，十三岁时读完经书，后留学日本、德国。"满洲国"时曾任职，民国三十六年（1947）到台湾，初到台东教育山地学生六年，后回到台北任教大学数年，又自办奉元书院讲学，于今六十年矣。

毓老师一生传奇，却始终如孔子所说"君子无终食之间违仁，造次必于是，颠沛必于是"。偶回顾自己一生事业，他曾感叹地说："老师在日本'满洲国'时不做汉奸，老蒋时代不当走狗，到现在，人还不糊涂！"有一回上到《易经·乾卦》："初九，潜龙勿用。子曰：龙德而隐者，不易乎世，不成乎名，遁世而无闷，不见是而无闷，乐则行之，忧则违之，确乎其不可拔，潜龙也。"毓老师忽然说："我六十年就守这一爻！"我当时极受感动，从没想过竟有人会用六十年光阴躬身遵守一句经典，其毅力果叫人不可思议，也没想过一句经典就能有如此丰沛力量足供坚守六十年而毫不动摇，经书之生命力便可想见一斑。那句经典是：一个有龙德的人却隐藏自己，不受世俗改变，不想在这个时代成名，因此遁世隐居，却不郁闷，不被人认同，也不郁闷，喜欢就去做，不喜欢就不做，意志坚定，完全不可动摇，这就是潜龙之德。——毓老师大隐隐于市，讲学论道，六十年坚守，正是潜龙之德。

有回上课，毓老师忽问："学中国文化先学什么？"同学答不上来，毓老师以手击案，喝道："学天下文化，学公，学大！""大公忘私，有容乃大，天下无界！"又指着黑板上右上角的两行字"以夏学奥质，寻拯世真文"，然后挺直身子，把粉笔往桌上一丢，目光如炬，说道："夏，中国之人也，中国学问都是治国平天下的药方。"

毓老师上课虽严肃，仍有诙谐和温暖的一面。他常自嘲因痛风而变形的食指说："上帝处罚人真周密，叫从拿粉笔的手指开始变形！"但也会说："上帝真厚爱我，老了还不让糊涂。"讲到《论语》："夷狄之有君，不如诸夏之亡也。"毓老师会问："你们见过夷狄吗？"然后用手指着自己，说："老师就是！"有人劝毓老师不要再上课了，该休息了，毓老师会说："来日方长！"见人在公园遛狗，毓老师必说："您一定是个孝子。"人问何以见得，毓老师答说："您对动物有这么大的爱心，能对父母不孝吗？"诸如此类，上课时偶然提及，庄谐并出，足征其"大人者不失赤子之心"。

每回上完课，我走出公寓，胸腔之间总饱胀着一股气，觉得自己有无限责任，必须赶紧努力，赶紧造福人群，甚至赶紧平天下，那股气正是毓老师上课时所灌输的，读书人的责任感。我如今回想起来，总觉得倘若孔门弟子上课情景能再次重现的话，大概就和奉元书院的氛围没有太大差别，一样是切磋以德，琢磨以道，激励以天下为己任。换言之，毓老师其实就是和孔子同等气象的人，同样是望之俨然，即之也温，听其言也厉，博人以文，约人以礼，仰之弥高，钻之弥深。

毓老师如今高寿一百余岁了，桃李满天下，而他的生命早和经典融合为一，他的力量就是中国学术的力量，他的生命就是中国学术的生命，他是君子，也是文人，更是大宗师。

灯下写就此文，我仿佛又看见毓老师举起右手，伸出弯曲的食指，神采奕奕说："生为人不容易啊，必得好好充实，对人生有贡献。听懂了没！"

典型大丈夫

没能听毓老师上课前，总觉得读中文系约莫就是读读古书、写写文章、做做学问，除了本身兴趣，再加上日后当个老师传承中国文化的缥缈理想之外，着实说不出还有可以使上劲的地方。但自从进了奉元书院，听毓老师讲论经书二年余，这才惊觉读中文系或者说身为一个人所应该担负的重责大任。

毓老师上课时有时劈头便问："你们读过几本书啊？"同学无人敢答，毓老师便径自说道："不学无术！不学，术从何而出？你们没读过几本书就想要成名？看看历代史书上的《艺文志》，能写进《艺文志》多么困难啊，但这些个名学者而今安在哉？还有人读他们的书吗？我告诉你们，人只有自欺，绝欺不了人。所以我绝不做无病呻吟之事、不做无谓之事，要做就得做当务之急。"毓老师所说的当务之急，乃以"时"为标准，人必得知机识时，时过境就迁了，所以智者必定先时而动，顺时而为，只有愚昧者才会悖时而做。

毓老师讲论经学，之所以如此重视实践，不同于大学讲堂上着重章句训诂，实与其身世有关。毓老师乃清朝皇族，源出礼亲王一脉，前半生投身政治，后半生隐居民间讲学。毓老师上课时偶提及往事，亲切历历仿如昨日，然其实已转眼百年，人事变灭，朝代屡经更易，其中饱含无尽沧桑。每回于课堂中聆听，似置身历史长廊观看倏忽变换的旧景，耳畔尽是岁月长风飕飕刮掠而过，近在眼前，却又遥若天星。毓老师常说，他一辈子在"满洲国"时不做汉奸，在台湾老蒋时代不当走狗，到现在老了，人还不糊涂！在"满洲国"时，宣统皇帝赐给他的评语是"内廷良驹"，但毓老却谦虚地轻描淡写而过："不就是给人当走狗？"

毓老师最喜欢在课堂上问："你们知道满族人最厉害的是什么吗？"同学答不上来，毓老师才又说道："就四个字：以寡御众。"接着再补充说道："满族人以少数民族统驭中国各族近三百年，这就是以寡御众之术。后人赞美康熙爷，千古一帝，名实相副啊。"毓老师感叹地说："没有术，就一筹莫展啊！"

毓老师表面上看似讲论经书，讲术、讲时、讲策、讲谋略，其实骨子里全都在传授帝王之学，他常说："这二年都教帝王之学、帝王之术。帝王之学在哪里，都在'四书五经'中啊！经书上的话都有所指，都是活活泼泼，都没有无病呻吟。我们不是读古书，是读古人智慧，古书是古人智慧的结晶，书是古的，智慧却没有古今之分。"所以毓老师看学生坐姿不正、步履不佳，便会提醒："你们的威仪在哪里？望之俨然的功夫在哪里？"毓老师所说帝王之学，帝是主宰意，王是归往、拥护意，即《论语》"譬如北辰，居其所而众星拱之"之意。毓老师认为立功、立德、立言之三不朽，当以立功为个人主要目标，所谓儒者，就是大公忘私者。要立不世之功，得有不世之智；要有不世之智，必得有绝学；要有绝学，必得深入，否则一事无成。毓老师经常说他自己私淑的熊十力先生，启发他最重要的四个字就是："用心深契"，用心之外，还得深、还得契。

当今时局混乱，很多人把政治视作洪水猛兽，避之唯恐不及。毓老师却不以为然，他说："我们还怕天下乱吗？就怕你没智慧。天下不乱，怎么显出你一个人能平定天下？天下就是一盘棋，摆错一个子儿，就全盘皆输。今天摆对一个棋，天下就安宁了啊，这不是圣之时吗？没有二十世纪之乱，能启发我们的知行吗？勉励你们的，不光为你们谋，还要为你们的子孙谋，要争永恒，不要争眼前……"

毓老师在台授课六十年，独善其身，严守师生男女分际，从无任何绯闻，前一阵子政治人物因女色而身败名裂者屡见不鲜，毓老师半开玩笑半感慨说："六十年一个人过，不是我守分，是没碰过天上掉下来的宝。男人不是因为女人才要结婚啊，人生是艺术的，若无艺术，则与动物没有差别。一个人很不容易，生为人也不容易，做人更不容易。老师此生饱经风霜，二十世纪是杀的世纪，我都赶上了。过去的人事物，一幕一幕都过去了，你们必得提升自己过艺术的人生，这样才少有苦恼；要过情欲的人生，苦恼就太多了。"

有一回毓老师教到《孟子》："天下有道，以道殉身；天下无道，以身殉道；未闻以道殉乎人者也。"便说光这句话就有三个时有三种修养。头一种，天下有道，以道殉身，你就是道，道就是你，到地狱去，都还是如此；要为往圣继绝学，就得以身殉道；至于以道殉人，那是随风转舵，半点主张都没有，有好处就跟人走了的人。一个人离不开这三个阶段。

又有一回毓老师忽提及"世家子弟必有世家子弟的气质",就说李家同放着校长不做,天天教贫穷小孩子读书,这就是德,不愧为李鸿章的后代;然后又说及"天下的学问怎样能用到事情上",就提到王观堂(国维)先生往事,说王氏当时被请入宫里教书,就是要以复国(恢复清廷)为业教育皇子。王氏上课时慨然以匡复天下为己任,陈词慷慨,让他们听了都十分激动,怎知后来却跑到颐和园自沉。这让毓老师的思想起了大变化。毓老师说:"现在大家都读观堂先生的书,拿他做研究资料,但实学呢?却说不上。我告诉你们,讲道容易,行道难啊!"接着又说:"人活着,必得活下去,既活着就不能不往远处想,留在人间的是什么?提醒各位,中国有多少皇帝?当皇帝多么不容易!结论是:当皇帝都没人知道!咱们是高级知识分子,又知道几个皇帝?所以留在人间的不是地位,而是德。"

所以毓老师总说:"注意!必得要成就自己,人最重要的是人格,以德为本,为政以德,没有成就,就是德不足。有德必有成、必有后。"修身有成,还要发挥影响力,对社会国家天下有所贡献。从古至今,取天下必以德。毓老师忽岔出话说一则小往事:"礼亲王府舍药舍了三百多年,有时太忙了,连老父亲也会蹲进医生群中给人看病啊。"

我常常觉得,毓老师就是孟子所说的"大丈夫"典型。何谓大丈夫?乃"居天下之广居,立天下之正位,行天下之大道。得志,与民由之;不得志,独行其道。富贵不能淫,贫贱不能移,威武不能屈。此之谓大丈夫"。毓老一生立身处事,正是居天下广居之仁、立天下正位之礼、行天下大道之义,坚守气节不亏,富贵(在清朝、"满洲国"时)、贫贱(在台隐居时)、威武

（在老蒋时代）皆不能使之改变心志。遇合于时，则当仁不让；时不我予，则独善其身。毓老师大隐隐于市六十余年，绝非消极毫无作为，仍秉持"先天下之忧而忧，后天下之乐而乐"之心，指陈时事、月旦人物，造育学生无数，如今弟子们遍及中外各领域，影响深远，无可估算。——而这正是毓老师的大隐之德，也是世家子弟必有的世家子弟气质。

谨附《怀毓老师》四绝句于后以示想念：

声如玉振钟，慷慨啸群峰，
不畏居匡地，斯文独在胸。
平生守一爻，初九隐龙巢，
遁世不愁闷，春风先到郊。
百年兴灭过，一点寂寥存，
回首浑如梦，休穿旧殿门。
指麾天下事，谋策一隅间，
虑广因忧患，亢言唯刺奸。

智者不怒

孔子临终前七日,早起,负手曳杖,神色自若,脱口而出:"泰山其颓乎,梁木其坏乎,哲人其萎乎。"第一时间获知毓老师故去,脑海便响起这几句话,泰山倾颓了,栋梁毁坏了,有智慧的人过世了。然后,悲不可抑。

颜渊曾经这样描述过孔子:"仰之弥高,钻之弥坚,瞻之在前,忽焉在后。夫子循循然善诱人。博我以文,约我以礼。欲罢不能,既竭吾才,如有所立,卓尔。虽欲从之,末由也已。"我在毓老师奉元书院读书两年余,最深的感受,就是这段话。

毓老师因出身皇族,近代史上君王将相、名公巨卿,多曾与之交往周旋,亲眼见证中国百年来风起云涌、潮来潮往。上课时偶然评及宣统、老蒋、小蒋、汪精卫、殷汝耕、周恩来、"五四"名儒、台湾早期政治人物(辜显荣、黄朝琴等),也不是凭空谈论，都是曾亲身与之交游周旋。毓老师前半生投身政治，轰轰烈烈，历经千险万恶，尝尽百般滋味。后半生在台隐居讲学，裁成学生，孜孜矻矻，六十年如一日。由此便可知，毓老师讲经书，绝不尚空谈，全是要拿来用事，成就自己之外，还要经世济民。

孔子学生曾评论孔子："夫子贤于尧舜远矣！"毓老师解释过这段话："尧舜是两个成功的政治家，别看夫子没有为帝为王，别看夫子政治上一事无成，可是夫子'加吾王心'，删《诗》《书》，定《礼》《乐》，撰《春秋》，成就远远超过尧舜！"毓老师丢下粉笔，大叹："孔子是乐死的！我是气死的啊！"接着摇头再说："我天天讲人话，竟教出一批混蛋！早就承认失败了，产官学没有出一个人才。"接着又勉励同学："每个人都应该有素王之志啊！"（素王者，孔子无王位，却修撰君王才能修撰的《春秋》，一字定褒贬，后人因称"素王"。）也就是说，毓老师期望学生无论处在什么位置，都要发挥最大的影响力。实际上，毓老师学生遍及产官学，人才济济，任官者如江丙坤，毓老师上课就称赞"人品第一"；经商有成者如温世仁，毓老师得知温氏过世时，感叹不已："当初回来说：'老师，东北（帮助大陆）交给你，西北交给我！'这么好的人怎么这么早就过去了呢？"学者如刘君祖；其余学生在政界、在学界、在商界，秉持师训，略有所成者，无可胜数。但毓老师为何总说，自己教出一批浑蛋、学生一个比一个浑，那是毓老师期望老同学还能得到更大成就，新同学可以得此激励奋发猛进。

毓老师一生述而不作，没有留下任何著作。他常说：中国学问是解决问题，不是写一本书叫后人研究。古人的智慧，讲就够了,放着《论语》不读,还读什么语啊?思想还有新旧?会用都是新的,不会用都是旧的,我们从中得到多少新的智慧?讲学不是为留一本书,是为了达到圣功!"蒙以养正,圣功也。"我们生下来都是小混蛋(蒙),第一个老师就叫启蒙老师。养正,就是要止于一,止于元,元是善之长(所有善的圆满),我们书院叫做奉元,就是这个意思。古人说三不朽:立德、立功、立言。咱们得先立德,再立圣功。

有一天早上,读国小的义孙子跑出门,找到正在巷弄间散步的毓老师,兴奋地说,门口被人用油漆喷了"八王"两个字。毓老师问:"有没有送联?"孙子说:"没有。"等毓老回到家时,一看,大笑,也不擦掉。上课时就感叹说:"王八,就是我的一生。我不写回忆录,如果要写,就这几句话:在日本混了半辈子,没做汉奸;在老蒋时代,专唱反调,不当走狗;来台教书五十八年,成了王八。"

这段话看似自嘲,其实大有深意,是毓老一生大自信之所在。

从十三岁留日开始,二十多年间与日本人周旋,到"满洲国"覆灭。战后审犯,皇族中只有毓老师不是汉奸(这是毓老师的大节不亏)。到台湾,想办哲学研究所,老蒋拨一笔钱,毓老不肯接受,没办成;老蒋让当考试院长,毓老师也拒绝。毓老师后来对我们开玩笑说:"不,大丈夫不可一日无权,当初应该让老蒋给我当小学校长,还能指挥工友。"戒严时期讲课,即使特务坐在底下,仍然天天骂老蒋(这是威武不能屈)。如今被人骂成王八,毓老师说:"就生气了?智者不怒啊!散步时就笑自己,何以会在这屋里坐了五十八年,这不就是以身殉道?"

毓老师一生,就是在这些大节操、大德行、大格局、大学问之处，昂然挺立，坚韧不拔。毓老师过世了，泰山倾颓，但是他所裁成的数万学生，日后也将长成一棵棵壮丽的树，有些或许还努力地隆出山形，但他们都感念老师，因为登泰山才能小天下，不，是登泰山而懂得以天下为己任，那是毓老师教的，也是孔子教的，更是中国老祖宗教的。

继文化于断绝

我和毓老师并不亲近，虽然几次试图亲近，但大多徒劳无功，因为当时能和毓老师亲近的，都是已经跟随他三四十年的老同学，情谊如同父子。我这个后生小辈初来乍到，就想亲近老师，确实不容易，也很奇怪。但几天前，得知毓老师过世，获悉他老人家对我的看法，原本伤心难过之外，又多了一份遗憾。

二〇〇四年九月二十日，我第一次到毓老师的奉元书院听课。当时想进书院上课，必须有人介绍，同校一名同事曾是毓老师的学生，说好带我去，却不知何故，迟迟没有动静。我只好转寻别人帮忙，问到电话，便大着胆自己打电话过去，向接电话的张嫂表明意图，张嫂把话筒转给毓老师。毓老师在电话那头问："哪里人？"我心想应该说出祖籍，可能比较有希望，便回答：

"江西人。"（后来才知道老师比较想教台湾人，我阿母是台湾人，若早知道我应该说"台湾人"的。）

毓老师又问："你在哪里念书？"

"师大国研所博士班。"

再问："你研究什么？"

"研究诗！"

毓老师口气马上转变，说："我这里不教诗！"

我吓一跳，赶紧解释："老师，我想学中国文化。"

毓老师口气缓和下来，说："那你来吧！"

第一次上课时，我就受到极大震撼。当时毓老师已经九十八岁了，声若洪钟，抱着病躯犹自精神奕奕讲学不辍，不断激励学生以天下为己任。忽然之间，我从前读过的古书上的句子，"诲人不倦""任重道远""先天下之忧而忧，后天下之乐而乐""乐以忘忧，不知老之将至云尔"等话，纷纷在眼前聚集，从平面的文字化为具体的形象，凝结成毓老师的风姿神采、尊贵气质、坚毅风骨，以及鼓荡丰沛的勃勃生命力。

虽然我入门晚，却极幸运，成了毓老师的"关门弟子"，最后一班学生。当时两年多，上课专教精华，教术、教时、教策、教谋略，全是帝王之学，毓老师希望能再为台湾培养更多人才，上课便常说："你们不急，我急！我急，是来日无多；你们不急，是来日方长。再三勉励你们，发愤的目的，就是图强，给你们打气的话，老师责无旁贷。你们必得要把古人的智慧串在一起，既然要做人，就做伟人！"又告诫说："你们怎么那么大方？不在意时光！好好为学，不要浪费时间，给人间存精华。人一无所得，就空活一生。再三勉励你们的，都是为你们的子孙谋。"

当时有件事很让毓老师开心——老师得了金牌奖。

这事得从"永陵"说起。永陵，位于辽宁抚顺永陵镇，是毓老师直系祖先努尔哈赤上五代的祖陵。两岸开放后，毓老师回永陵，发现永陵的果膳房被大水冲毁而片瓦无存，他回台后捐款，顺利重修好果膳房。重修期间，当地人见毓老师在此散步，好奇问："您老是外来人吧？"毓老师回答："永陵是我的老祖宗！"被派来修陵的人，半夜不敢外出，怕见鬼，毓老却时常夜出，别人问，他答说："我很愿意晚上遇到他们！"永陵修好后，毓老师把祖宗遗物一样又一样捐给附近的满学研究院和博物馆（同样是毓老师捐赠）。二〇〇四年，也就是我进书院那年，永陵被联合国列入世界文化遗产名录。老师开心极了，用他的话说就是"得了金牌奖"。过一段时间，他又重提此事："世界文化遗产通过了，今年却没回去，为什么？不去分功。成事业，绝不可争功。老子曰：夫唯不争，故天下莫能与之争。"

永陵申遗成功，让毓老师非常开心，他说："尽责任，牺牲享受，享受牺牲。一辈子没有享受过，只有得到世界文化遗产这件事，开心。精神的愉快比什么都快乐。"然后毓老师又开始兴奋地计划起下一个十年，他说如果还有十年的话，还想办投资公司、办基金会、办养老院，来救济贫苦百姓。有时又感叹："再活十年太受罪了，医生说我没病，就是老了！"有时又说："蒋宋美龄活到一百零六岁，怎能输她！"有时又说："我今天特别开心，电视新闻说有一个人瑞，活到一百二十五岁，我听了开心！活到一百二十五岁，能做多少事啊！"

毓老师在母亲故去后，发愿手绘千幅观音菩萨像。老师说：

"我画画是修颐和园的画工教的,只要夜里睡不着觉,就起来画观音,已经画了四百多张。"毓老师学问是小时候母亲所教,十三岁前背完"五经",母亲还骂他没出息,因为当初皇子们大多十二岁就背完了。第二次世界大战后,审理"满洲国"战犯,皇族中只有毓老师不是汉奸,母亲告诉他:"过去就过去吧,痛定思痛,你以后就改字慰苍(安慰苍民)。"毓老师觉得慰苍责任太大了,担当不起,只敢先用"安仁"。母亲要他信佛,他就信佛,并且在我进到书院上课这一年,遇上母亲节,为了回向母亲功德,毓老师特地到新店刚开幕的慈济医院去做义工,待了一整天。回来就告诉我们:"为什么大家钱都捐给慈济?就是有诚、有信。我告诉你们,人必得去做,证严只有高中毕业,以她的程度能有这种成就,了不起!没有般若妙智,能有今日成就?我告诉你们,证严就是活观世音菩萨。"接着又说:"但是证严是用'慈'济,救患救苦于既形;我们要用'道'济,圣人者,贵除天下之患,防患于未然,咱们把患都先除了,慈济还有患可以救吗?"

毓老师上课时也时常提到师母,说:"这一百年都是狗打架,现在倒想写《新浮生六记》,写和老太婆的认识的经过,年轻时候刚到台湾倒不想,老了才想得越仔细。"接着又说师母是蒙古格格,自幼两人订婚,皇族婚姻自六岁就不让见面,要结婚时已经亭亭玉立。六岁时也得离开父母,不与父母同住,和嬷嬷住,所以和嬷嬷最亲。跟母亲什么都不敢讲,和嬷嬷什么都敢说。毓老师日夜盼望格格能过府来玩,自忖:"不知道是不是长得蒙古脸?"终于有一天过府来玩,毓老师想从书房偷看,宫女把格格团团围住,完全看不见。最后嬷嬷只拿来一幅画,说是格格画的。毓老师负气说:"我不看!"嬷嬷就说:"先看看再说吧。"一看,竟画得比毓老师还好。毓老师又回忆说:"想当年我也很会唱戏,结婚以后,老太婆过门听见,就说:'五音不全,天天唱。'我就不唱了,这不让她占先了?老太婆最会唱'窝窝头戏',唱得最好的是《三娘教子》,什么叫窝窝头戏?票钱全拿来救济北京穷人,让他们冬天买窝窝头吃!"

毓老师十三岁赴日本读书,毓老师在男校,师母在女校,日本人派一女秘书终日随行,师母对毓老师说:"干脆纳了吧?"老师正色说:"胡扯什么?"毓老师回想这段往事,就说:"满人习惯,王爷娶一个福晋(亲王正室),可以再纳两个侧福晋,单礼亲王府,三代不纳妾。"又说:"日本人想升堂入室啊!"

到了民国三十六年(1947),毓老师被蒋中正软禁至台湾,从此夫妻两人五十年未能相见,但是毓老师五十年如一日,未曾再婚,没有绯闻,专情专意,坚定不移。有一回,老师忽说师母家学是《昭明文选》,从小熟背,两岸开放后,师母写来的情书,就用四六骈文写成,说完后老师便一径默诵起信上文字。我当时很想整段抄录下来,但骈文用字艰涩,不容易听懂,只听出其中两句,"两地相思,一言难尽"。我当时感动到无以名状,老师把师母的情书居然读到都默背下来了,其中款款深情,不言而喻。

我写这些,看起来都像小事,其实不然,这些都是毓老师严于律己、孝悌追远、躬身实践的实证。毓老师一一做到,然后他才说:"台湾必得从立本开始,孝悌也者,其为人之本欤!本立而道生。入则孝,出则悌,谨而信,泛爱众,而亲仁,行有余力,则以学文。"又说:"什么是文?政治家就是文,经天纬地谓之文，文人智周万物，道济天下！"

我进奉元书院两年多，毓老师因为身体不舒服，上课断断续续，我便去得少，后来就没再去了。隔了两年，我仍时时想念毓老师，有一天突然想起毓老师一生传奇，却没有学生胆敢写出关于老师的文章，觉得实在可惜。当下不知从哪里冒出的傻胆，居然就开始动手写，重新整理上课笔记，翻遍手边所能找到的"满洲国"、清末史、清王府各种资料，花了一个月时间，字斟句酌，写成《毓老真精神》一文。报纸刊登后，我特地剪报寄给毓老师，但不敢打探任何消息。后来似乎也没有传出遭骂的消息，于是每隔一段时间，我把思念老师的心情再转化成另一篇描写他老人家的文章，刊出后，再剪报寄给老师。——从头到尾，战战兢兢，诚惶诚恐。

去年底，网络上看见有学生回书院，贴出与老师合影的照片。我羡慕极了，做好回去被骂的准备，我写了一封信给老师，希望可以再次拜见老师。信寄出去后，准备打电话，但之前的手机坏了，存在里头的老师家电话号码也跟着不见了，辗转问了几个老同学，都没有。无法打电话先问候，拜见的可能性就微乎其微了，这件事就此作罢了。

前几天，三月二十日中午，我在喜来登饭店开会，意外接到张嫂电话，告知毓老师过世消息，一时如雷轰顶，大惊大恸。稍稍镇定之后，我小心翼翼地问张嫂："怎么会通知我呢？"张嫂说："你写在报纸上的文章，老师都看到了。"我又小心翼翼地问："老师有生气吗？"张嫂说："老师没生气，他很开心，还要大家看。"听完张嫂的话，我的眼泪就掉下来了。

毓老师，对我而言，或者对所有他的学生而言，是严师，也是严父；既慈祥，又严格。他永远告诉学生要己立立人，己达达人，要以先知觉后知，以先觉觉后觉。他从不灰心丧志，有无穷无尽磅礴壮阔的大气魄、大力量、大精神，纵身大时代当中，挽狂澜于既倒，继文化于断绝，他的声音、他的形象、他的风骨、他的神采，过去不曾消逝，现在也不会消逝，将来更不可能消逝，因为他会活在每一本经书、每一句经文之中，昂昂然独立，昂昂然永存。

既孤独又丰盈

二〇〇四年九月,我刚考上师大国研所博士班,终于有机会进奉元书院上课。

进书院上课之前,其实早有因缘。

一九九二年,我读师大国文系一年级,当时非常喜欢简媜的文章,她有一篇《水经》,写大学时追求她的男生约她去看海,两人同时翘课,赶赴海边途中简媜联想此刻教室课堂,应该会教到《史记·伯夷列传》,另外"毓老师的'四书'应该会讲到《梁惠王篇》第一:'叟!不远千里而来,亦将有以利吾国乎?'这问题问得多蠢啊"!我当时对这段话印象特别深刻,台大中文系的老师有"毓"这么奇特的姓?而最后一句"这问题问得多蠢啊"非常有意思,口吻率性,不知是谁说的,看起来像简媜在爱情中的旷达随性语,但又像是毓老师对原文独具个性的简洁论断。

一九九五年,我读大三那年,参与一场学术研讨会,担任工作人员,在会议上读到一篇论文,前言写作者曾至爱新觉罗·毓鋆老师私塾"天德黉舍"读书几年云云。当时颇纳闷,特别查了一下作者,黄忠天,高师大副教授,不过三十岁出头。就一般经验得知,台湾光复后多为学校教育制度,私塾传统早已不再,但黄老师怎会有机会读私塾那么多年呢?

二〇〇一年,父亲辞世,我特地回江西老家祭祖。回台湾时途经香港,正巧在机场遇见大学同寝室的侨生学弟潘加惠。闲聊中,他说这次回台湾,主要探望一位老师,希望可以顺利见到老师。这位学弟,我大学毕业时,他才大二,他回忆说当年我带他们读书,收获很多,后来他又进到某处书院读书,为了能多学一些,还特地延毕一年去听课。那次短暂晤谈,因不同班机,他先飞台湾了,匆匆告别。后来他回到香港,便经常寄信来,里头都是毓老师上课语录,分门别类,条理清晰,很多话都很有深意。学弟还在香港自创"香港华夏奉元学会",不断写信给香港各领导人、大学校长、名教授等,极言文化复兴之重要云云。我当时颇觉奇怪,因为印象中学弟是个跳荡闲散之人,怎么几年不见,便俨然以复兴香港的中华文化为己任,即使被外人看起来好似愚公移山一般亦在所不辞?我一方面纳闷究竟是谁影响了他,让他脱胎换骨变成一个勇于任事的人;一方面也替他高兴有这种傻劲与担当;但另一方面又替他担心,觉得他应该先把自己的力量充足饱满了才好。

同一年,学校来了几位新同事,他们都曾进过书院上课。有一回聊天,谈起"师友重重挟辅",我便说起影响我最大的两位先生,一位是指导教授龚鹏程先生,一位则是祐生研究基金会董事长,前者学问广大精深,后者眼光宏远,重视实学与社会实践。同事提到影响他的老师时,我或许无心流露了轻忽的辞色,他登时勃然大怒,正色道:"你没见过毓老师,不可能领会那种气象!"

机缘到此渐渐成熟了。原先这位同事要带我去见老师,进书院上课,后来不知何故没有下落。我只好自己向其他同事辗转又辗转问得毓老师电话,大着胆自己打电话去,毓老师问了一些问题,最后问我想学什么,我答说:"想学中国文化。"毓老师就说:"那你来吧。"

当时毓老师已经九十八岁,每回讲课,我都极受感动,因为毓老师身上不光只是学问而已,他更把经文活泼起来、振作起来、昂扬起来,展现出文化的雍容博大、泱泱大度与精妙幽微。若让我形容毓老师的话,他老人家和孔老夫子其实是同一等人物气象。我经常在上课时听他老人家说话,总有一种既孤独又丰盈,既宽大又渺小,既健动又静默的奇异感受,后来我才恍然大悟原来那就是个人力量正要生发、扩充、激射的过程,也是个人胸怀不断扩张直欲包容一切的气魄展开,更是人与天地和合生发的机关与奥秘。

毓老师的学问,并非空谈而来,是真有一番惊天动地的实务历练。毓老师于中国近代史,亲身经历者多,君王将相、名公巨卿,多曾交游周旋,见多识广,与一般书生论政的空谈家大相径庭。

当时,基于崇仰与敬佩之故,我非常想接近老师。恰好有一次到上海,书店中发现一本专写永陵的书,赶紧买下来,带回台湾,趁下课时送给老师。老师看到书,非常开心。老师坐在椅上,对着站立面前的我这样说。——而这也是唯一一次我和老师最亲近的时候。

毓老师上课时很严肃,学生既敬且畏,所以当他问问题时,通常没人敢答。我当时已在教书,知道问学生却没人回答的窘境,便大着胆应答。有一回老师问:"知不知道汤一介是谁?"我答了,也答对了,老师很高兴。又有一次问台湾之所以会演变成今天的局面,是谁造成的后果,我想起老师以前好像讲过,便又大着胆回答。老师一听,摇头大叹:"十万八千里加三千大千世界!"然后又叮嘱:"吉人之辞寡,躁人之辞多。"整晚,我如坐针毡。

当时,台"教育部"一心想去中国化,为了文白比例等问题,文化界连署反对,主事者成员之一问我可否询问毓老师意见。我当时颇犹豫,觉得不甚妥当,但经不住朋友再三请求,便将地址告知。结果他们亲自前往拜访,吃了闭门羹。到了晚上上课,毓老师便说:"旧同学都知道,我不和外面打交道,也不接受记者采访,新同学可能不知道……"整晚,我又如坐针毡。

有一天下课,毓老师突然把我叫住,问我这个礼拜六下午三点,有没有空,要单独和我谈谈。我当时非常兴奋,也说不上为何兴奋,但我到现在都还清楚地记得那几天是如何的兴奋,一直努力挨到当天中午,去之前先打了一通电话,张哥接的电话。我先说:"请问毓老师在吗?"张哥问:"有什么事?"我当时也不知道什么事,只能回答:"我也不知道有什么事。"张哥说:"老师很忙,要多休息,没事就不要随便打扰。"便挂断电话了。我心里很气自己,连讲个毓老师要找我单独谈谈的话都不会,但也不敢再打电话过去打扰。

虽然如此,却丝毫不影响我对毓老师的尊敬。后来老师生病住院,书院的课断断续续,我就去得少了,渐渐就不再去了。

转眼间，六年过去，这段时间我仍非常想念老师。这种想念很奇特，完全建立在对理想的向往、力量的延续以及生命的感发与正道的执着，而毓老师就是源头、来处、起首。

去年，意外地在网络上看见有同学回书院，贴上文章和照片，文章写毓老师陆续接见老同学；照片是毓老师和同学合影。我当时有说不出的感动与羡慕，羡慕同学可以和毓老师亲近与合照，感动老师已经一百零四岁了，犹殷殷嘱告，深切叮咛。

想念老师的冲动又让我试图再一次亲近老师。去年底，我又写了一封信，连同刚出版的新书《我的心肝阿母》和小儿弥月照片贺卡，寄给老师。我心里的打算是，即使会因为过去写他老人家的文章而挨骂，也要回去一趟；若老师不想见我，也许我可爱的儿子会让老师心软；又或者我写的书，完全都是遵循老师上课的叮咛——孝悌也者，其为人之本，我努力做到，并写成书传布，或许可以得到老师认同，同意接见。——但是好巧不巧，先前我的手机故障，存在手机内的老师家电话号码一并消失，我到处向同学打探老师家电话，却始终找寻不着，我知道若没有主动先打电话去询问，能够见面的机会就微乎其微了。

得知毓老师过世的消息，是张嫂来电通知，最后还说："其他事情，我给你张哥电话，你问他。"

我赶紧打电话给张哥，心里又紧张又矛盾，担心从前种种误会。电话接通，我向张哥表明身份，并说："以前有一些误会……"张哥很快说："没有任何误会，毓老师很喜欢你！你听我说，老师年纪大了，为病所苦，他喜欢哪个学生，没有办法表示，但我知道他很喜欢你！"我一听，眼泪就掉下来了。隔天，我不由自主地写了一篇纪念文章，投给报社，报社需要照片。我又打电话给张哥，张哥叫我到家里一趟。再次进到书院，感触万千，张哥带我到地下室教室（这是我第一次见到张哥），取出老师相簿，为我解说故事。临走前，张哥对我说："你看我这样对你，就知道毓老师有多喜欢你！老师生前还说，如果以后要写文章，就找张辉诚！"我听了这些话，又感动又伤心，眼泪一直忍住。我请求张哥："可不可以让我瞻见一下老师房间？"张哥起先不肯，后来考虑再三，最终还是领我前去。我跟着张哥脚步进到老师房间，全是蒙蒙一片，因为眼睛已经满含泪水。——过去，我曾经多少次想象我进到这个房间，老师坐在椅子上，神采奕奕地对我说："一个人没有专注力量还能做什么事！个人的成就在于利他，成功不必在我！……"

后来又到老师灵堂祭拜，守灵的同学彼此问起姓名，一名学弟忽问："学长去年是不是有寄儿子的照片给老师？"我问他："你怎么会知道？你有看过我写给老师的信吗？"学弟答："有，老师把信拿给我，叫我联络学长。"我又问："你有联络我吗？"学弟说："当天我有打电话，响了五六声，学长没接。"我原本还想问，后来你就没再联络我吗？学弟已经接着说："当时老师就在旁边，我告诉老师说电话没接通，老师说，那就以后再联络了。老师一直到寒假，都还在提这件事。"我一听完，眼泪就又上来了。

见不到老师最后一面，对我来说，非常遗憾，也非常伤心。那感觉好像我永远只是面万仞墙而立，不得其门而入，不见宗庙之美与百官之富，也见不到毓老师私底下谆谆叮咛、即之也温的和煦气象。毓老师故去，他的精神、气度、德行、风采，历历在目，永恒不灭；而他的和煦，我今生却无缘亲炙。

如今我最常温习和想念的,是毓老师在电话那头传来的话:"那你来吧!"——温习这句话,让我感觉仿佛我已经得其门而入,不再只是立于墙外,孤零零地一无所见、一无所得、一无所用。

附录
《清史稿·列传三·诸王二》

《清史稿》卷二百一十六《列传三·诸王二·太祖诸子一》
关于礼亲王一脉：

礼烈亲王代善，太祖第二子。初号贝勒。岁丁未，与舒尔哈齐、褚英徙东海瓦尔喀部斐悠城新附之众，乌拉贝勒布占泰遣其将博克多将万人要于路。代善见乌喇兵营山上，分兵缘山奋击，乌喇兵败窜，代善驰逐博克多，自马上左手攫其胄斩之。方雪甚寒，督战益力，乌喇败兵僵卧相属，复得其将常柱、瑚哩布。师还，太祖嘉代善勇敢克敌，赐号古英巴图鲁。

岁癸丑，太祖伐乌喇，克逊扎搭、郭多、郭谟三城。布占泰将三万人越富勒哈城而营，诸将欲战，太祖犹持重，代善曰："我师远伐，利速战，虑布占泰不出耳。出而不战，将谓之何？"太祖曰："我岂怯战？恐尔等有一二被伤，欲计万全。今众志在战，复何犹豫。"因麾兵进，与乌喇步兵相距百步许，代善从太祖临阵奋击，大破之，克其城。乌喇兵溃走，代善追殪过半。布占泰奔叶赫，所属城邑尽降，编户万家。天命元年，封和硕贝勒，以序称大贝勒。

太祖始用兵于明，行二日，遇雨，太祖欲还，代善曰："我师既入明境，遽引还，将复与修好乎？师既出，孰能讳之？且雨何害，适足以懈敌耳。"太祖从之。夜半雨霁，昧爽，围抚顺，明将李永芳以城降。东州、玛哈丹二城及台堡五百余俱下。师还，出边二十里，明将张承荫率兵来追。代善偕太宗还战，复入边，破其三营，斩承荫及其裨将颇廷相等。四年，命代善率诸将十六、兵五千，守扎喀关备明。寻引还。

三月，明经略杨镐大举来侵，遣总兵刘綎将四万人出宽甸，杜松将六万人出抚顺，李如柏将六万人出清河，马林将四万人出三岔口。太祖初闻明兵分出宽甸、抚顺，以宽甸有备，亲率师西御抚顺明兵。代善将前军，谍复告明兵出清河，代善曰："清河道狭，且崎岖，不利速行，我当御其自抚顺来者。"过扎喀关，太宗以祀事后至，言界凡方筑城，民应役，宜急卫之。代善引兵自太兰冈趋界凡，与筑城役屯吉林崖。杜松以二万人来攻，别军阵萨尔浒山。代善与贝勒阿敏、莽古尔泰及诸将议以千人助吉林崖军，使陟山下击，余军张两翼，右应吉林崖，左当萨尔浒。太祖至，以右翼兵益左翼,先趋萨尔浒。明兵出,我兵仰射,不移时破其垒。吉林崖军自山驰而下,右翼渡河夹击,破明兵,斩松等。马林出三岔口,以三万人军于尚间崖,监军道潘宗颜将万人军于飞芬山,松后部龚念遂、李希泌军于斡珲鄂谟,太祖督兵攻之。代善将三百骑驰尚间崖,见明兵结方营,掘壕三匝,以火器居前,骑兵继之,严阵而待,遣骑告太祖。太祖已击破念遂等,亲至尚间崖,令于军,皆下马步战。未毕下,明兵突至,代善跃马入阵,师奋进,斩获过半。翌日,代善以二十骑先还,诇南路敌远近。太祖亦还,闻刘綎兵深入,命代善率先至诸军御之。出瓦尔喀什,綎已至阿布达哩冈,太宗率右翼陟山,代善率左翼出其西,夹击,明兵大溃,斩綎。镐所遣诸军尽败。

七月,从太祖克铁岭。八月,太祖伐叶赫。叶赫有二城:金台石居其东,布扬古居其西。师至,太祖攻东城,代善攻西城。东城下,布扬古及其弟布尔杭古乞盟,代善谕而降之。六年三月,从太祖伐明沈阳,率其子岳托战,斩馘甚众。复偕莽古尔泰迁金州民于复州。

十一年八月,太祖崩,岳托与其弟萨哈璘告代善,请奉太宗嗣位,代善曰:"是吾心也!"告诸贝勒定策。太宗辞让再三,代善等请益坚,乃即位。是冬,伐蒙古喀尔喀扎鲁特部,擒贝勒巴克等,斩鄂尔斋图,俘所属而归。

天聪元年,从太宗围锦州,拒明山海关援兵,薄宁远,破敌,以暑还师。三年,从伐明,入洪山口,克遵化,薄明都,明总兵满桂等赴援,击败之德胜门外,克良乡，又破明兵永定门外。从上阅蓟州形势，明步兵五千自山海关至，与师遇，不及阵，列车楯、枪炮而营，代善率左翼四旗击破之。四年正月，明侍郎刘之纶率兵至遵化，营山上，代善环山围之，破其七营，之纶走入山，射杀之。五年八月，从上围大凌河，收城外台堡。九月，明总兵吴襄、监军道张春等将四万人自锦州至，距大凌河十五里，代善从上将二万人击之，明兵方阵，发枪炮，督骑兵突入，矢如雨，明兵大却。襄遁，春收溃兵复阵。黑云起，风自西来，明兵乘风纵火逼我军。大雨反风，毁其营，明兵死者甚众，师乘之，获春等。春见上不屈，上将诛之，代善谏，乃赦之。

初，太祖命四和硕贝勒分直理政事，每御殿，和硕贝勒皆列坐。至是，礼部参政李伯龙请定朝会班制。时和硕贝勒阿敏已得罪，莽古尔泰亦以罪降多罗贝勒，诸贝勒议不得列坐。代善曰："奚独莽古尔泰？上居大位，我亦不当并列。自今请上南面，我与莽古尔泰侍坐于侧，诸贝勒坐于下。"

六年四月，从上伐察哈尔，过兴安岭，闻林丹汗远遁，移师攻归化城，趋大同、宣府，出塞，与沙河堡、得胜堡、张家口诸守将议和而还。八年五月，从伐明，出榆林口，至宣府边外，分兵自喀喇鄂博克得胜堡，遂自朔州趋马邑，会师大同而还。

崇德元年，封和硕兄礼亲王。冬，从上伐朝鲜。二年，有司论王克朝鲜，违旨以所获粮米饲马及选用护卫溢额，上曰："朕于兄礼亲王敬爱有加，何不体朕意若是？"又曰："王等事朕虽致恭敬，朕何所喜？必正身行义以相辅佐，朕始嘉赖焉。"四年十一月，从上猎于叶赫，射獐，马仆，伤足。上下马为裹创，酌金卮劳之，因泣下曰："朕以兄年高不可驰马，兄奈何不自爱？"罢猎，还，命乘舆缓行，日十余里，护以归。

八年，太宗崩，世祖即位。王集诸王、贝勒、大臣议，以郑亲王济尔哈朗、睿亲王多尔衮辅政。又发贝子硕托、郡王阿达礼私议立睿亲王，下法司，诛之。硕托，王次子；阿达礼，萨哈璘子，王孙也。顺治元年正月朔，命上殿毋拜，着为例。二年春，至京师。五年十月，薨，年六十六。赐祭葬，立碑纪功。康熙十年，追谥。乾隆四十三年，配享太庙。

代善子八，有爵者七：岳托、硕托、萨哈璘、瓦克达、玛占、满达海、祜塞。祜塞，初封镇国公，追封惠顺亲王，而满达海袭爵。

巽简亲王满达海，代善第七子。崇德五年，从围锦州。六年，封辅国公。从肃亲王豪格围松山，破敌。洪承畴赴援，战，所乘马创，豪格呼曰："马创矣！亟易马！"明兵大至，力战，殿而还。明总兵吴三桂倚山为营，满达海合诸军击破之，三桂宵遁。七年，从济尔哈朗克塔山。八年，授都察院承政。

顺治元年，从入关，败李自成，进贝子。复从英亲王阿济格逐自成趋绥德。二年，克沿边三城及延安，自成遁湖广，师还。三年，从豪格讨张献忠，自汉中进秦州，降献忠将高如砺。师次西充，击斩献忠，与尼堪分剿余贼。五年，师还。坐徇巴牙喇纛章京希尔根冒功，议罚银，睿亲王多尔衮令免之。六年，袭爵。降将姜瓖叛大同，满达海与郡王瓦克达率师讨之，寻授征西大将军。克朔州、马邑、宁武关、宁化所、八角堡、静乐县，遂与博洛会师，复汾州。瓖诛，大同平。遣兵围平遥、太谷、辽沁，先后克之。屯留、襄垣、榆社、武乡诸县俱下。睿亲王多尔衮令留瓦克达剿余寇，满达海还京师。

八年，世祖亲政，改封号曰巽亲王。诸王分治部务，满达海掌吏部。九年二月，薨，予谥。十六年，追论满达海于奏削多尔衮封爵后，夺其财物；掌吏部，惧谭泰骄纵，未论劾：削谥仆碑，降爵为贝勒。

子常阿岱，初袭亲王。降贝勒。康熙四年，薨，谥怀愍。子星尼，袭贝子，再袭辅国公。星尼子星海，袭镇国公。并坐事夺爵。乾隆四十三年，追录满达海功，命星海孙福色铿额以辅国将军世袭。常阿岱既降爵，以从弟杰书袭亲王。

康良亲王杰书，祜塞第三子。初袭封郡王。顺治八年，加号曰康。十六年，袭爵，遂改号康亲王。康熙十三年六月，命为奉命大将军，率师讨耿精忠。师至金华，温州、处州已陷。精忠将徐尚朝以五万人犯金华，王令都统巴雅尔、副都统玛哈达迎击，破之。尚朝复来犯，巴雅尔会总兵陈世凯破贼垒积道山，歼二万余，复永康、缙云。精忠将沙有祥踞桃花岭，梗处州道，玛哈达率军击之，有祥溃走。十四年，复处州及仙居。尚朝等犹踞宣平、松阳，屡窥处州。都统拉哈达偕诸将御之，破贼于石塘，于石佛岭，于大王岭东陇隘口上套寨、下五塘诸地。诏宁海将军傅喇塔自黄岩规温州,趣杰书自衢州入,杰书疏言:"处州有警,兵单不能骤进。"上谕曰:"王守金华,将及二载,徒以文移往来,不亲统兵规剿,贼何自灭?宜刻期进取。"

十五年,自金华移师衢州,精忠将马九玉屯大溪滩拒师。杰书督诸将力击之,伏起,刃相接。杰书坐古庙侧指挥,纛为火器所穿,卫兵负扉为蔽,杰书谈笑自若,诸军皆踊跃奋击,精忠兵大败,溪水为赤。杰书令偃旗鼓,一日夜行数百里,乘月攻克江山,进徇常山,次仙霞关。精忠将金应虎收舟泊隔岸,师不得渡。令循滩西上,视水浅乱流,涉。精忠兵不战,溃,应虎降。进拔浦城,檄精忠谕降。师复进,拔建阳,抚定建宁、延平二府。精忠遣其子显祚迎师,杰书承制许以不死,精忠出降。十月,师入福州,精忠请从师讨郑锦自赎,入告,诏许之。

锦将许耀以三万人屯乌龙江南小门山、真凤山,杰书遣拉哈达等击走之。疏言:"精忠从师出剿,其弟昭忠、聚忠,宜留一人于福州,辖其属。"又言:"福建制兵已设如额,精忠所率兵不少,左右两镇兵可并裁去。温州总兵祖弘勋、藩下总兵曾养性,宜别除授。"上命昭忠为镇平将军,驻福州,余并如所请。杰书遣兵败锦将吴淑于浦塘,复邵武。师复进,泰宁、汀州及所属诸县皆下。十六年,拉哈达败锦军于白茅山、太平山,破二十六垒,克兴化,复泉州、漳州。奏入,诏褒杰书功。杰书令拉哈达等率兵与精忠进次潮州,规广东。锦兵陷平和,逼海澄,副都统穆赫林等守御越七旬,援不至,与长泰并陷。杰书请罪,诏俟师还议之。

锦兵复破同安、惠安，杰书遣军讨复之，并复长泰，破敌于柯铿山、万松关，又遣别将破敌江东桥、石卫寨。十八年，战郭塘、欧溪头，屡破敌。敌犯江东桥，击却之。副都统吉勒塔布败敌鳌头山，沃申克东石城。十九年，沃申抚定大定、小定、玉洲、石马诸地，克海澄。水师提督万正色克海坛，拉哈达等克厦门、金门，都统赉塔克铜山。锦以残兵还台湾。

精忠既降，复有异志，杰书疏请逮治。上令杰书讽精忠请入觐，亦召杰书师还，留八旗兵三千分守福州、泉州、漳州。十月，至京师，上率王大臣至卢沟桥迎劳之。二十一年，追论金华顿兵及迟援海澄罪，夺军功，罚俸一年。二十九年，率兵出张家口，屯归化城，备噶尔丹。三十六年闰三月，薨，予谥。

子椿泰，袭。椿泰豁达大度，遇下以宽。善舞六合枪，手法矫捷，敌十数人。四十八年，薨，谥曰悼。

子崇安，袭。雍正间，官都统，掌宗人府。九年，率兵驻归化，备噶尔丹。寻命护抚远大将军印，召还，十一年，薨，谥曰修。杰书子巴尔图，袭。乾隆十八年，薨，年八十，谥曰简。

崇安子永恩，袭。四十三年，复号礼亲王。永恩性宽易而持己严，袭爵垂五十年，淡泊勤俭，出处有恒。嘉庆十年，薨，谥曰恭。

子昭梿，袭。昭梿好学，自号汲修主人，尤习国故。二十一年，坐陵辱大臣，滥用非刑，夺爵，圈禁。二十二年，命释之。从弟麟趾，袭，父永，永恩弟也。亦嗜文学，能诗。追封礼亲王。麟趾，道光元年，薨，谥曰安。孙全龄，袭，父锡春，追封礼亲王。全龄，三十年，薨，谥曰和。

子世铎，袭。同治间，授内大臣、右宗正。光绪十年，恭亲王奕䜣罢政，太后谘醇亲王奕譞诸王孰可任，举世铎对。乃命在军机大臣上行走，并诏紧要事件会同奕譞商办。德宗亲政，世铎请解军机大臣，奉太后旨，不许。十九年，命增护卫。二十年，太后万寿，赐亲王双俸，再增护卫。二十六年，上奉太后西巡，世铎不及从。召赴行在，复以病未至。二十七年七月，罢直，授御前大臣。逊位后三年，薨，谥曰恪。子诚厚，袭。薨，谥曰敦。

图书在版编目（CIP）数据

隐者显赫：中国最后一个皇族名儒/张辉诚著. --
北京：中国画报出版社，2018.4
 ISBN 978-7-5146-1329-2

Ⅰ.①隐… Ⅱ.①张… Ⅲ.①爱新觉罗·毓鋆
（1906-2011）—传记 Ⅳ.①K825.4

中国版本图书馆CIP数据核字(2017)第315847号

著作权登记号：图字 01-2016-9421

隐者显赫：中国最后一个皇族名儒
张辉诚 著

出 版 人：于九涛
责任编辑：郭翠青
责任印制：焦 洋

出版发行：中国画报出版社
地　　址：中国北京市海淀区车公庄西路33号　邮编：100048
发 行 部：010-68469781　010-68414683（传真）
总编室兼传真：010-88417359　版权部：010-88417359

开　本：16开（660mm×860mm）
印　张：12.75
字　数：138千字
版　次：2018年4月第1版　2018年4月第1次印刷
印　刷：三河市文通印刷包装有限公司
书　号：ISBN 978-7-5146-1329-2
定　价：48.00元